Dedicado a mis amada esposa Solange e hijo Miguel Facundo por su paciencia y comprensión por el tiempo que tomó la redacción de este libro.

TRANSFORMACIÓN DIGITAL EN CHILE.

Procedimientos administrativos para el siglo XXI

Por Miguel Ángel Reyes Poblete

IDEAS PREVIAS

Como toda obra humana, la presente es limitada y perfectible, escrita por un abogado litigante con conocimientos promedio en materia informática, por lo que agradeceré que quien quiera realizar comentarios, consultas o críticas pueda plantearlas a la casilla de correo electrónico mreyes@temasdederecho.cl .-

Transformación digital en Chile. Procedimientos administrativos para el siglo XXI © Miguel Ángel Reyes Poblete

Todas las imágenes que se contemplan son de propiedad de los entes estatales indicados y se puede verificar sus actuales sitios en las URLS que se indican (Provincia de Buenos Aires, Argentina; Gobierno de Argentina; Gobierno de España; Gobierno de Estonia y Gobierno de Singapur).

Este libro plantea una visión de la transformación digital en Chile desde la perspectiva de los procedimientos administrativos generales, haciendo paralelos con el mismo fenómeno en Argentina, España, Estonia,y Singapur a fin de brindar una mirada panóptica para apreciar las perspectivas de permanente mejora.

Miguel Ángel Reyes Poblete
Caupolicán 165 oficina 1, Concepción, Chile
Correo electrónico mreyes@temasdederecho.cl
   Twitter: @temasdderecho
www.temasdederecho.cl

TABLA DE CONTENIDOS

Introducción

Capítulo 1. ¿Porqué es necesaria la transformación digital del Estado?

Capítulo 2. ¿Qué cambia con la ley 21.180 en Chile?

Capítulo 3. ¿Qué otras normas se requieren para aplicar la ley 21.180?

Capítulo 4. ¿Es la ley 21.180 de Chile igual, mejor o peor que otras del derecho comparado?.

Capítulo 5. Cómo queda el procedimiento administrativo con la transformación digital?

Capítulo 6. ¿Qué viene después?

INTRODUCCIÓN

Luego de comenzar a reencartarme y redescubrir los libros digitales a raíz de los estados de excepción constitucional vigentes en Chile desde octubre de 2019 por la crisis social y luego adicionalmente desde marzo 2020 por la pandemia del Covid-19, me convencí de la necesidad de escribir una obra breve y concreta que analizara una temática que estimo fundamental para el futuro desarrollo de los procedimientos a través de los cuales se manifiesta la voluntad del Estado administrador: la digitalización.

Para ello analizaré el fenómeno de la digitalización de los procedimientos administrativos en Chile, haciendo algunos paralelos con normas mucho más recientes y estudiadas como las de Argentina, España, Estonia y Singapur.

Claramente había que seleccionar pues practicamente todos los países del mundo tienen diversos avances en esta materia. Se optó por Argentina por tratarse de un país que ha avanzada en la temática, con una tradición de innovación dentro del cono sur, sin perjuicio de reconocer las muy imporantes innovaciones de Brasil, Colombia, Perú y Uruguay en la zona. España por ser nuestro principal nexo con Europa así como por sus cambios regulatorios desde el 2015 y sobre todo desde marzo de 2021. En el caso de Estonia y Singapur por tratarse de países de relativamente baja población, pero altamente tecnologizados, sin dejar de destacar a países que tambíen van a la vanguardia como Corea del Sur y Dinamarca.

Esta obra no está enfocada en analizar los procedimientos administrativos ni el gobierno digital, aunque haré referencia a ambos.

A lo largo de este libro intentaré responder a una serie de grupos de preguntas:

En primer lugar ¿porqué es necesario realizar una transformación digital del Estado ahora? ¿Porqué hacerlo de la forma que se está haciendo? Y, sobre todo ¿Porqué la demora respecto de otras latitudes?

Como segundo punto ¿Qué cambia? ¿Cuándo? Y ¿Qué pasa con los principios de las leyes de acceso a la información pública y la ley de bases generales de la Administración del Estado?

En tercer lugar ¿qué otras normas se requieren para la implementación de la ley 21.180?

Como cuarto punto, la normativa aprobada en Chile y el reglamento ¿es igual, mejor o peor que otras? Así como ¿ sirve para interpretar a su alero los procedimientos administrativos?

En quinto lugar ¿Cómo quedan en la ley de bases de los procedimientos administrativos los procedimientos, la prueba, recursos y ejecución?

Como sexto aspecto ¿Qué viene después?.

En otras palabras, intentaré presentarle al lector algunas ideas de la irrupción de las nuevas tecnologías en la actividad procedimental del Estado.

Es necesario señalar que la visión desde la que escribo es la desde un ciudadano, abogado, docente, ocupado en la construcción de una Administración del Estado que respete los derechos fundamentales de todas las personas y permita una adecuada integración en el mundo global que está en desarrollo en una perspectiva procedimental, que es la principal perspectiva desde donde escribo estas letras.

Por último, creo que una frase que sintetiza lo que pretendo es la dicha por el poeta francés Anatole France "La utopía es el principio de todo progreso y el diseño de un futuro mejor". Espero que el lector de esta libro pueda compartir este ideal y trabajar para ello.

Concepción, Chile, junio de 2021.-

CAPÍTULO 1. ¿PORQUÉ ES NECESARIA LA TRANSFORMACIÓN DIGITAL DEL ESTADO?

"El cambio es la única constante" Heráclito de Éfeso

Es indiscutible en la actualidad reconocer que el mundo digital es una realidad que ha facilitado muchísimo el acceso a la información, la realización de trámites, suscripción de contratos, compras, servicios, la realización de clases, entre otras muchas actividades, por lo que claramente llegó para quedarse.

Por otra parte, al tratarse de un hecho concreto que tanto los computadores u otros dispositivos van cambiando la tecnología en base a la cual opera (originalmente la denominada "Ley de Moore"), lo que también se vincula a los sistemas operativos y programas o aplicaciones que utilizan.

Sumado a lo anterior, en la actualidad existen una serie de sistemas operativos tanto para ordenadores o celulares, así como formatos de archivos, por lo que se estableció el denominado "principio de neutralidad tecnológica" (art. 1 inciso 2º ley 19799), lo que *"implica una regulación abierta que no establezca impedimen-*

tos al uso de una tecnología en particular, en la medida que ella cumpla con los requisitos y funciones básicas que exige"[1]. En términos concretos, que el usuario pueda elegir entre utilizar un "x" o "y" navegador o un "z" o "w" sistema operativo y el archivo a utilizar funcione adecuadamente en todos ellos.

Esta circunstancia es relevante a efectos de que las soluciones que se implementen no estén basadas en sólo una determinada tecnología, dificultando otras (como la típica frase "optimizado para ..."), además de ser permanentemente utilizables y actualizables en el futuro. Ello se aprecia por ejemplo en los dispositivos USB o archivos PDF que en lo básico se han utilizado por más de 20 años, aunque con cambios como el actual USB 3.0 o mayores estándares de seguridad en los PDF.

A raíz de la crisis social comenzada en octubre de 2019 en Chile y la posterior pandemia se demostró lo indispensable que era poder trabajar, tanto en lo público como en lo privado, en lo académico[2] como en lo doméstico.

¿Porqué es necesario realizar la transformación digital del Estado ahora?

Ante ello surge la necesidad de plantearse la primera pregunta esbozada previamente ¿porqué es necesario realizar una transformación digital del Estado ahora? Con la necesidad de realizar actividades desde las casas se tornó crítico el desarrollar todas las actividades posibles, entre ellas las relaciones con el Estado, por medios telemáticos.

Es necesario reconocer que el proceso comenzó ya en los albores de la llegada de la tecnología de internet a Chile en los años 90, siendo los primeros el Servicio de Impuestos Internos con la posibilidad de realizar declaraciones de impuestos o emitir boletas en un inicio, o el Servicio de Registro Civil e Identificación con los certificados. En esos momentos se carecía de ley que lo regulara, sino sólo el Decreto Supremo 81 de 1991 de la Secretaría General de la Presidencia sobre uso de firma digital.

De forma previa a los fenómenos indicados se habían iniciado programas de digitalización del Estado, lo que actualmente se resume en el portal https://digital.gob.cl , donde se exponen las diversas etapas de él. A continuación una impresión de algunos de los servicios actualmente en proceso de implementación.

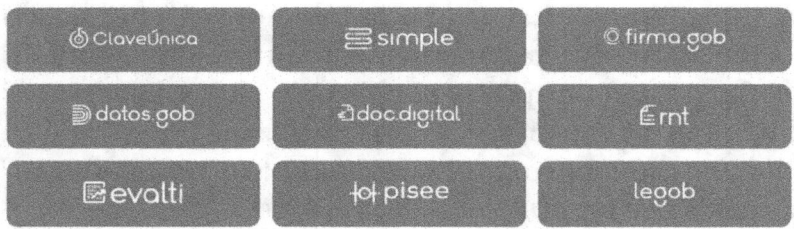

Se han implementado importantes iniciativas como la clave única del Estado - que se puede actualmente obtener en formato virtual - y que permite realizar trámites en todos o casi todos los entes estatales, datos abiertos, mapas digitales de roles de avalúo entre muchos otros.

Por otra parte, en octubre de 2020 se conoció el primer informe de la Organización para la Cooperación Económica y el Desarrollo (conocida por sus siglas OCDE en castellano o OECD en inglés) sobre Gobierno Digital con datos al 2019[3], en el que en lo pertinente a este libro aparecen por Colombia (3), Estonia (16), Chile (22), y como países no miembros en un lugar superior a Chile figuran Uruguay y Brasil. Ello en base a una de parámetros que se indican en el siguiente cuadro:

Marco de Políticas de Gobierno Digital OCDE

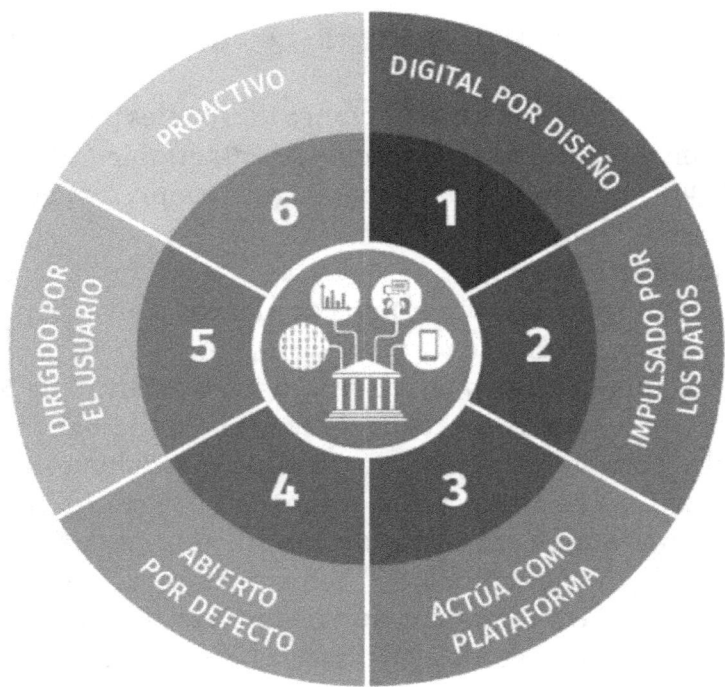

Source: OECD (2020)

Dicho de otra forma la necesidad de realizar interacciones digitales entre el Estado y los particulares, con o sin pandemia, así como relacionarse entre países hace indispensable contar con la posibilidad de realizar todo tipo de trámites en formato virtual.

¿Porqué hacer la modificación de la forma que se hizo ?

Luego de respondida la primera parte de la interrogante cabe plantearse ¿Porqué hacerlo de la forma que se está haciendo ? En este punto cabe señalar que en noviembre de 2019 (a un mes del inicio del "estallido social" se dictó la ley 21.180 denominada de "digitalización del Estado", cuya idea matriz es que todos los procedimientos y actos administrativos se efectúan y materialicen obligatoriamente en formato electrónico. Esta norma modificó las siguientes leyes:

- la ley 19880 de bases de los procedimientos administrativos así como
- la ley 21045 sobre el Ministerio de Cultura, las Artes y el Patrimonio;
- DFL 5200 de 1929 sobre instituciones nacionales patrimoniales dependientes del Servicio Nacional del Patrimonio Cultural;
- Ley 18.845 que establece sistemas de microcopia o micrograbación de documentos; y
- Ley 18290 del tránsito,

todos en lo referidos a actos, procedimientos y expedientes administrativos y así como sus registros.

Se estableció una implementación progresiva dentro de 5 años una vez que se publiquen los reglamentos. A pesar de ello, ninguno ellos se han dictado hasta junio, a pesar de que debían haber estado dictado a más tardar en noviembre de 2020 (fecha en la que recién se empezaron a enviar los decretos ministeriales a la Contraloría General de la República)[4]. Sin embargo, de la lectura del DFL 1 a que se hace referencia más adelante se señala que debiera estar implementado en todas las materias y en todos los entes en el año 2024.

Cabe señalar que tanto el reglamento como el DFL que se desarrollan en esta obra son los que están Contraloría desde enero 2021 y noviembre 2020 respectivamente, además de la versión en su texto diferido de la ley 19.880, el que justamente está pendiente por el retraso de la total tramitación y publicación de dichas normas. Es de esperar que con la demora de más de 6 meses no se amplíen, o en términos más realistas, no mucho, los plazos de entrada en vigencia progresiva de la ley 19880 con las modificaciones incorporadas por la ley 21.180.

Sin embargo, es necesario reconocer que a junio 2021 se han dictado varias normas destinadas a la implementación de la ley 21180, a saber:
- El Decreto 22 del Ministerio de Justicia y Derechos Humanos, publicado en el Diario Oficial el 22 de abril de 2021, que aprueba el reglamento del registro de vehículos motorizados;
- DFL 89 del mismo Ministerio, publicado en el Diario Oficial

de 22 de enero de 2021, que establece normas para regular los registros y procedimientos relativos a inscripciones, subscripciones y certificados a cargo del Servicio de Registro Civil e Identificación;
- DFL 1 del Ministerio Secretaría General de la Presidencia, publicado en el Diario Oficial de 6 de abril de 2021, que establece normas de aplicación del Art. 1º de la ley 21.180, de transformación digital del Estado, respecto de los procedimientos administrativos regulados en leyes especiales que se expresan a través de medios electrónicos y determina la gradualidad para la aplicación de la misma ley, a los órganos de la administración del Estado que indica y las materias que les resulten aplicables;
- DFL 1 del Ministerio de las Culturas, las Artes y el Patrimonio,[5] publicado en el Diario Oficial del 15 de marzo de 2021, que determina los requisitos del método de elaboración, conservación y uso de las microformas y de aquellos a emplear en la destrucción de documentos originales en virtud de la ley 18.845.

Motivos de la demora en la dictación de la norma

Planteado lo anterior, cabe consultar ¿Porqué la demora respecto de otras latitudes? Cabe no sólo felicitar que se haya planteado y concretado el proyecto de mejor, sino que también hacerse cargo de indicar los retrasos que ha experimentado - y con seguridad seguirá teniendo - el proceso sistémico y general de digitalización del Estado de Chile.

"La transformación digital y el avance desde el gobierno electrónico al gobierno digital deben ser sostenidos y resistentes a los cambios políticos[6]".

Esta cita es indispensable para comprender que la digitalización del Estado es una política estatal y no de los gobiernos de turno, por lo que para que sea eficaz requiere necesariamente una mirada y esfuerzos de largo plazo, además de considerar que se debe tratar de tecnología escalable (que pueda adaptarse a las nuevas tecnologías), abierta, neutral de forma que los registros puedan mucho tiempo después ser utilizables.

Debe reconocerse lo importante de los avances, por ejemplo, los más avanzados a mi juicio

1.- Clave única del Estado: que permite realizar buena parte de los trámites en estes estatales: ingresar a portales (como el de impuestos internos, el del Poder Judicial, el de la Fiscalía del Ministerio Público, entre otros). Está a cargo del Servicio de Registro Civil e Identificación;

2.- Certificados de registro civil, como los de matrimonio, nacimiento, propiedad de vehículos motorizados, antecedentes penales, entre otros. A cargo del mismo servicio ya indicado (www.registrocivil.cl) ;

3.- Certificados de avalúo fiscal de inmuebles, tanto el actual como en períodos precedentes. A cargo del Servicio de Impuestos Internos;

4.- Certificados de deuda, convenios de pago, pagos de todo tipo en el Portal de Tesorería General de la República (www.tgr.cl);

5.- Pago de patentes y otros derechos en las municipalidades, así como otros trámites en dichos entes (https://www.sem.gob.cl);

6.- Creación de empresas en un día, incluyendo otros servicios como obtención de certificados de vigencia, modificación, estatutos, iniciación de actividades ante impuestos internos, obtención de cuentas bancarias, entre otras (https://www.registrodeempresasysociedades.cl/Default.aspx);

7.- Declaraciones de impuestos, iniciación y término de actividades, emisión de boletas y facturas, obtención de certificados, obtención de cédulas tributarias digitales , libros de contabilidad electrónicos entre muchos otros en el portal del Servicio de Impuestos Internos (www.sii.cl).

Otros aspectos que hacían indispensable el contar con una normativa general y sistémica que regulara lo digital del Estado son:

1.- La integración de las bases de datos a fin de evitar la repetición innecesaria de esfuerzos humanos y materiales como por ejemplo la sobreintervención de poblaciones con varios programas similares;

2.- La petición en más de una oportunidad de documentos que obran en poder de algún servicio público, en el entendido de que Chile, a diferencia de Argentina, Brasil, EEUU, México o Venezuela, es unitario y no federal, por lo que la administración del Estado es una sola, además de que legalmente está regido por principios de unidad, coordinación, actuación de oficio e informalismo en la ley orgánica constitucional de bases generales de la Administración del Estado[7].

A modo de comparación,

- En Chile (con una población estimada de 19,21 millones de habitantes y 756.096 km2) existe una división de Gobierno Digital, dependiente del Ministerio Secretaría General de la Presidencia;

- En la Provincia argentina de Buenos Aires (16,6 millones de habitantes y 307.571 km2, versus Argentina con 45 millones de habitantes y 2.780.400 Km2) se creó una Subsecretaría de Gobierno Digital para promover el uso de las tecnologías de la información, en cuyo contexto se creó un portal de trámites

- España ha ido implementando progresivamente sistemas digitales, sobre todo desde las nuevas leyes - que analizo más adelante - de procedimientos administrativos (39-2015) y de Régimen Jurídico del sector público (40-2015) que se repotenciaron con el Real Decreto 203-2021 para reforzar las plataformas e interoperabilidad, con una mirada muy técnica. En cuanto a su contexto se trata de una país de 47,3 millones de habitantes y una superficie de 505.935 km2, más cercanos en población a Argentina y en superficie a Chile;

- Estonia ha implementado progresivamente desde 1994 una política sistémica de digitalización del Estado. Cabe señalar para contextualizar que si bien dicho pequeño país báltico tiene sólo 1,38 millones de habitantes y poco más de 45 mil km2, donde a pesar de ello el sistema integrador de bases de datos estatales "X - Road" (iniciado el 2001) tenía al año 2019 más 180 millones de consultas mensuales, con cerca de un 99% de los servicios públicos brindados en formato digital. A

continuación una visión de la página de internet pertinente de este país. Ese sistema ha sido exportado (así como muchos otros servicios digitales tanto públicos como privados) a muchos países del globo como Alemania, Brasil, Colombia, El Salvador, Finlandia, Islandia, Islas Feroe y J

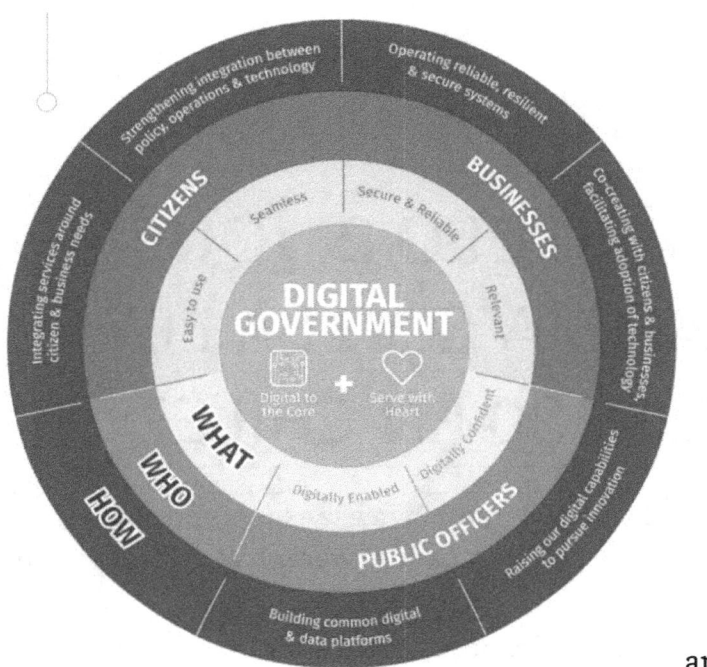

apón.

- Por su parte, Singapur (5,7 millones de habitantes a 2019 y 728,3 km2) tiene alrededor de un 95% de sus servicios públicos disponibles digitalmente[8] , lo que grafican en un cuadro muy concreto en que se indica qué, quien y como se realizan las actuaciones:

CAPÍTULO 2. ¿QUÉ CAMBIA CON LA LEY 21.180 EN CHILE?

"Locura es hacer lo mismo una y otra vez esperando obtener resultados diferentes", Albert Einstein[9]

Luego de realizar el planteamiento general es necesario formularse una serie de otras preguntas ¿Qué cambia? ¿Cuándo? ¿Qué pasa con los principios de las leyes de acceso a la información pública y la ley de bases generales de la Administración del Estado?

¿Qué cambia con la ley 21.180?

El espíritu de la ley es generar una transformación digital de toda la Administración del Estado de Chile al permitir que todo (ese es el ideal al menos tras la plena vigencia) se pueda realizar en el escenario virtual. En términos prácticos ello debería permitir un incremento sustancial de la confianza en las instituciones al eliminar buena parte de eventuales espacios para irregularidades así como que toda la tramitación y actuaciones estuvieran escritas, siendo inmodificables por quienes las emitieron así como accesibles fácilmente por las personas, además de permitir la reutilización de la información conforme a la técnica de los "datos abiertos" u *open data*.

En primer lugar[10] se cambia en el Art. 1º inciso 2º de la ley

19880 de bases de los procedimientos administrativos (en lo sucesivo LPA) el requisito de que sea escrito, por que se deba expresar el acto administrativo que contiene la manifestación de voluntad de la Administración a través de medios electrónicos señalados en la ley, salvo excepciones legales. En el mismo sentido se razona en el modificado art. 5 a propósito del principio de escrituración.

Como segundo aspecto se agregan principios "relativos a los medios electrónicos", los que se desarrollan en el Art. 16 bis, contemplando al efecto los principios de:

A) Actualización, en virtud del cual "deberán actualizar sus plataformas a tecnologías no obsoletas o carentes de soporte, así como generar medidas que permitan el rescate de los contenidos de formatos de archivo electrónicos que caigan en desuso";

B) Equivalencia funcional, por el cual los actos administrativos suscritos con firma electrónica (en lo sucesivo AAE) serán válidos y producen los mismos efectos que aquellos en soporte papel (se entiende que también con firma ológrafa y timbre)[11];

C) Fidelidad, consiste en que "todas las actuaciones del procedimiento se registrarán y conservarán íntegramente y en orden sucesivo en el expediente electrónico, el que garantizará su fidelidad, preservación y la reproducción de su contenido.";

D) Interoperabilidad, por el cual "los medios electrónicos deben ser capaces de interactuar y operar entre sí al interior de la Administración del Estado, a través de estándares abiertos que permitan una segura y expedita interconexión entre ellos.";

E) Cooperación, en virtual de él los "distintos órganos de la Administración del Estado deben cooperar efectivamente entre sí en la utilización de medios electrónicos."

Al establecerse como principios se erigen como deberes a cumplir tanto por las Administraciones Públicas[12] como por los funcionarios, en particular obliga a las jefaturas a considerarlo en sus planes y coordinaciones. A fin de que esto sea operativo tienen que existir no solo plazos sino también medios para implementarlo y personal a cargo.

En tercer lugar en el Art. 6 sobre el principio de gratuidad estableciendo que, salvo ley en contrario, no pueden haber cobros entre órganos de la Administración del Estado que participen en el desarrollo e intercambio de información en formato electrónico.

Como cuarto aspecto, en el Art. 9 a propósito del principio de la economía procedimental se establece que
- Toda comunicación en el contexto de procedimientos administrativos debe realizarse por medios electrónicos, dejándose constancia del órgano que pide, el (la) funcionario (a) responsable de la petición, destinatario, procedimiento en que se hace, gestión que se encarga y plazo para cumplirlo;
- Se debe remitir copia de esta comunicación electrónica a los interesados.

En quinto lugar se incorporan varios aspectos prácticos respecto de los derechos de las personas en sus relaciones con la administración (no distingue, por lo que incluye a las interesadas en el procedimiento administrativo):

A) Señala que constituye copia autorizada - no distingue, por lo que podría ser ser todo o parte - la que se genere por la plataforma electrónica donde se acceda al expediente administrativo del mismo soporte, la que debe contar con un medio de verificación de autenticidad (17 letra a) LPA). Ese medio será definido por la Norma Técnica de Documentos y Expedientes Electrónicos;

B) El derecho a "acompañar documentos electrónicos, tales como copias digitalizadas de documentos en soporte de papel o documentos electrónicos en su origen, que no sean emitidos por los órganos de la Administración del Estado, en la medida que conste su autenticidad e integridad, salvo que por mandato legal o reglamentario éstos deban ser acompañados a los autos en soporte de papel, a su costa;" Art. 17 letra c) LPA

C) El derecho a eximirse de presentar documentos impertinentes ("que no correspondan al procedimiento") o que emanen y estén en poder de cualquier órgano de la Administración del Estado (en virtud del principio unitario), los que en caso de ser un ente diverso al que se tramita debe remitirlos. art. 17 letra d) LPA.

Como sexto aspecto se establece en el Art. 19 bis establece:

I.- el deber de cumplir la norma de la ley de firma digital 19.799 sobre documentos electrónicos, firma electrónica y servicios de certificación de ella;

II.- Establece el deber de digitalizar los documentos en soporte papel e ingresarlos al expediente, permitiendo acompañar copia electrónica de documentos en soporte papel;

III.- Se puede cotejar correspondencia entre documento en papel y digitalizado. Las infracciones serán sancionables;

IV.- Si el formato de la información en poder de órganos de la Administración no es digital se debe digitalizar de acuerdo a ley 18.845 sobre sistemas de microcopia o micrograbación de documentos;

V.- En casos excepcionales y previa autorización se puede no acompañar los documentos digitalizados, por los mismos parámetros indicados en Art 18 y en el reglamento.

En séptimo lugar se modifican las formalidades de la comparecencia por apoderados, la que se podrá realizar además de las formas tradicionales (documento ante notario) por medio de firma digital simple (forma de identificación asignada por el usuario) o avanzada (donde existe un ente certificador) < Art. 22 LPA en relación a ley 19799[13]>. En el caso de que la norma legal requiera solemnidades mayores para alguna comparecencia, ella podrá ser por instrumento con firma digital avanzada o por escritura pública[14].

Como octavo aspecto se adecúa al formato electrónico la obligación del funcionario que recibe la solicitud, documento o expediente de remitirlo por medios electrónicos dentro de las 24 horas siguientes a la "dependencia respectiva". En otras palabras a la que sea competente. Arts. 24 en relación al 14 LPA.

En noveno lugar se incorpora en el nuevo art. 24 bis aspectos operativos de la interoperabilidad y cooperación entre entes públicos, implementando una serie de aspectos:
- A) un deber aplicable a todo procedimiento administrativo;
- B) De todos los órganos de la Administración del Estado que tengan documentos o información en materias de su respectiva competencia que sean necesarios para el conocimiento o resolución de los mismos de remitir por medios electrónicos al ente que esté conociendo del mismo cuando así lo solicite;
- C) Se requiere autorización previa del interesado cuando se trate de datos sensibles de esa persona <art. 24 bis inciso 2º en relación a Art. 30 letra f) LPA y 9 de ley 19628 sobre datos personales>, sea que estén o no incluidos en bases de datos personales;
- D) Se debe dejar registro de toda solicitud entre órganos de la Administración del Estado respecto de información de datos sensibles de interesados a la que se tenga acceso, el que debe indicar al menos:
- El órgano requirente.
- El funcionario responsable.
- El órgano destinatario.
- El procedimiento a que corresponde.
- Los datos o información que se solicita.
- El plazo establecido para su realización, si corresponde. Esto es particularmente relevante considerando que los procedimientos tienen un plazo legal para sustanciarse, los que deben contarse independientemente de que entes distintos aporten información.
- E) Se establece el deber de cuidar de los datos sensibles, siendo responsable de los daños que se ocasionen (art. 11 ley 19628) y ser utilizados sólo para el fin para el que fueron solicitados (art. 9 ley 19628);

Como décimo aspecto se incorpora, en el contexto del cómputo de plazos (de días hábiles administrativos, de lunes a viernes, salvo festivos) y considerando el deber de establecer una plataforma electrónica <art. 18 inciso 4º LPA>, se permite que se hagan presentaciones (dice documentos, pero por lógica debiera ser también de escritos o peticiones) durante las 24 horas los 7 días de semana. Sin embargo, si se presentan en día inhábil se entiende presentado a primera hora del siguiente día hábil (art. 25 LPA)

En undécimo lugar a propósito de los requisitos de las solicitudes de interesado para iniciar un procedimiento administrativo en el Art. 30 LPA:

A) Se establece que la indicación de una casilla de correo electrónico será considerada como domicilio válido para practicar notificaciones, pero excepcionalmente se podrá indicar una forma distinta de notificación (Art. 30 letra a) en relación a art. 46 LPA)

B) En el caso de que para conocer o resolver el procedimiento se requiera solicitar datos sensibles se debe señalar la autorización para solicitarlos de los entes públicos que los tengan <30 letra f) LPA>;

C) En el inciso 4º del Art. 30 LPA se establece que los formularios que se deben mantener por el ente estatal en procedimientos de común tramitación deben estar a disposición de los ciudadanos tanto en las dependencias de las entidades como por medios electrónicos. Entiendo que debe ser a las personas pues los interesados en los procedimientos administrativos pueden ser también personas jurídicas o extranjeros[15] - residentes o no- así como niños, niñas o adolescentes chilenos, ninguno de los cuales es necesariamente ciudadano por lo que se comprendería toda personas de acuerdo al derecho de todas las personas a la igualdad ante la ley art. 19 Nº1 de la Constitución.

Como duodécimo aspecto en el Art. 42 LPA se permite que el desistimiento de una petición y renuncia de derechos se pueda realizar por cualquier medio que permita su constancia.

Expediente digital

En un importante avance se establecen en el art. 18 LPA y arts. 3 a 17 del reglamento varias innovaciones en materia de expediente administrativo. A modo de ejemplo el expediente digital de Impuestos Internos[16] (permitido expresamente por ley 20780[17] del año 2014) al año 2020[18]_[19]:

A) El expediente debe constar en formato electrónico, salvo las excepciones legales;

B) Desde un punto de vista formal, él deberá ser creado por el respectivo órgano de la Administración del Estado y debe cumplir con las directrices contenidas en la Norma Técnica de Documentos y Expedientes Electrónicos (NTDYE)[20];

C) El ingreso de solicitudes (no distingue si iniciales o durante el procedimiento por lo que comprende ambas), formularios o documentos se deben hacer mediante documentos electrónicos o por formatos o medios electrónicos por medio de plataformas de los entes estatales. Al no distinguirse entiendo que no estaría limitado a ningún tipo de elementos, permitiendo por ejemplo imágenes, videos, audios u otros;

D) Si alguien carece de medios electrónicos, no tenga acceso a medios electrónicos o actúe excepcionalmente por ellos, puede pedir hacer peticiones en papel, lo que se debe responder dentro de 3 días y, en caso de negativa, se debe fundar.

Esta petición no suspende los plazos, por lo que se pueden hacer las presentaciones de plazo aunque no exista respuesta del ente estatal. En estos casos esas actuaciones se digitalizarán.

En el reglamento se indican los requisitos para acreditarlo, art. 29:
- pertenecer a hogares el 40% socioeconómicamente más vulnerable de la población;
- Tener domicilio en localidades en condiciones de aislamiento por accesibilidad y conectividad física, baja densidad poblacional, dispersión, baja presencia y cobertura de servicios básicos y públicos;
- Tener 60 años o más;
- Presentar alguna discapacidad que le impida actuar por medios electrónicos según la calificación y certificación de Art. 13 de la ley 20422[21].

Sin perjuicio de ello, el Art. 30 del reglamento permite que cualquier interesado pueda invocar encontrarse en alguno de los supuestos del Art. 28 pidiendo presentar documentos en papel y/o ser notificado de forma diversa medios electrónicos, acreditándolo con antecedentes que justifiquen su solicitud, presentándolos ante la autoridad que corresponda.

En el caso de que se autorice esta presentación o notificación se debe digitalizar los documentos presentados en papel además de dejar registro de las notificaciones en el expediente electrónico, Art. 34 del Reglamento, rigiendo a este efecto la ley 18845 sobre sistemas de microcopia y micrograbación de documentos[22] así como su reglamento.

E) Los expedientes electrónicos deben estar permanentemente accesibles a las personas, conteniendo todo lo obrado, también para la presentación de documentos y antecedentes.

Complementando esta norma el Art. 12 del reglamento señala que en el expediente se deben poder, al acceder al expediente electrónico identificar a las autoridades y al personal al servicio de la Administración bajo cuya responsabilidad se tramite (en rigor debiera entenderse que se refiere a aquellos que participen en la tramitación del procedimiento conforme al Art. 17 letra a) LPA);

F) Sólo podrá entregarse copias en papel respecto de las personas exceptuadas de actuar en formato digital y en los casos en que no hubiere sido posible digitalizar (art. 19 bis inciso 5º LPA, por criterios del reglamento de acuerdo a naturaleza, formato o cantidad: ART. 14 Del reglamento:

- Cantidad: exceder cantidad de paginas que determine el jefe del servicio por resolución fundada en base a carga de traba,
- Formato: soporte impida adecuada digitalización por características, hojas de gran tamaño o infraestructura técnica no lo permita,
- Naturaleza: documentos con soporte no susceptible de digitalizar por calidad o propiedad).

En el caso de que se pidan copias en soporte papel:
F.1.- La Administración pueda excusarse de entregar copias por distraer indebidamente a funcionarios del cumplimiento de sus labores habituales, sea por tiempo excesivo o alejamiento de funciones habituales; y
F.2.- Podrá exigir pago de costos directos de reproducción, fijando los valores.

G) Excepcionalmente si sistema o plataforma no estuviera disponible por emergencia, fuerza mayor u otro motivo calificado, el jefe superior por resolución fundada puede autorizar que determinados actos administrativos y presentaciones puedan realizarse en formato papel, sin perjuicio de su posterior digitalización y agregar al expediente digital.

Además en el Art. 7 inciso 3º del reglamento se agrega la necesidad de que en los casos en que la plataforma no se encuentre disponible se deba emitir y publicar un certificado especificando el día y hora del inicio y término de la incidencia.

El nuevo art. 19 LPA y 6 reglamento establecen la obligatoriedad de implementar y utilizar adecuadamente plataformas digitales para sustanciar los expedientes administrativos electrónicos[23], los que deben:
a.- Cumplir estándares de seguridad, interoperabilidad, interconexión y ciberseguridad;

b.- Permitir que todo lo obrado en el expediente sea registrado en él (escritos, documentos, actos y actuaciones);

c.- Albergar y conservar los expedientes digitales, lo que está a cargo de los órganos del estado, comprendiendo la integridad, disponibilidad y autenticidad;

d.- Se establecen reglas para reconstituir expedientes si es que fuera necesario:
- Se reemplazará en todo o parte con quien tenga copia fiel, si no se dispusiera de ella;
- Si no existiera tal copia, los actos se dictarán nuevamente reuniendo antecedentes para fundar preexistencia y se repetirán las actuaciones.

En el Art. 54 del reglamento, a propósito del resguardo y reconstitución se establece que

d.1.- esa copia fiel se obtendrá de quien la tuviere si no se dispusiera de ella directamente,

d.2.- Se preferirán las copias que estén en poder de la Administración (no se distingue por lo que podría ser cualquier ente, sin perjuicio de los repositorios y de las medidas de resguardo a que haré referencia más adelante),

d.3.- Se precisa que en caso de no existir copia fiel, para dictar los actos nuevamente la Administración reunirá los antecedentes que le permitan fundamentar su preexistencia y contenido, así como exigiendo que se repitan las formalidades previstas para cada caso;

e.- Las comunicaciones oficiales entre entes estatales deben ser registradas en la plataforma[24].;

f.- Contener las funcionalidades necesarias para gestionar los expedientes electrónicos y los procedimientos administrativos, como registrar la trazabilidad de su tramitación;

g.- permitir el ingreso de solicitudes, formularios, documentos y todo antecedente que sea necesario o pertinente al expediente electrónico;

h.- permite el acceso de los funcionarios y personas autorizadas al contenido del expediente electrónico.

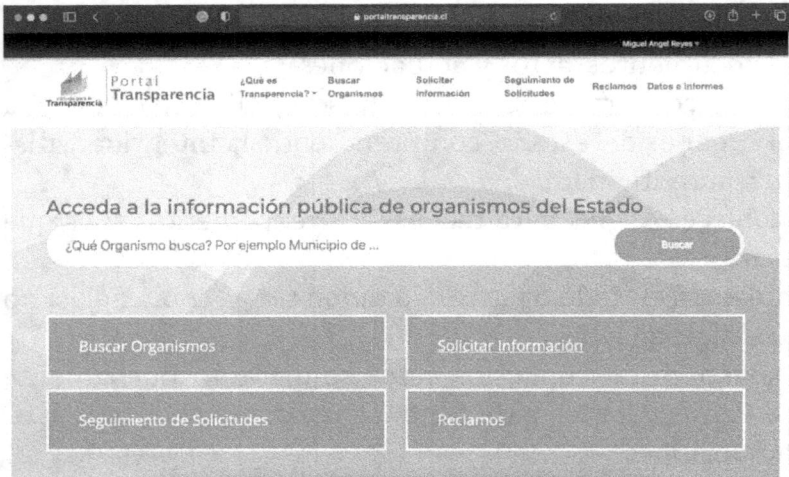

El Art. 7 del Reglamento establece que si las presentaciones se realizan en un día inhábil se entenderán realizados a primera hora del día siguiente hábil.

En Chile existe experiencia de plataformas de este tipo, con esas funcionalidades, incluso los certificados de disponibilidad, desde el año 2016 con la ley 20886 de tramitación electrónica en el Poder Judicial, conocida como Oficina Judicial Virtual. A continuación presento un par de imágenes de ella

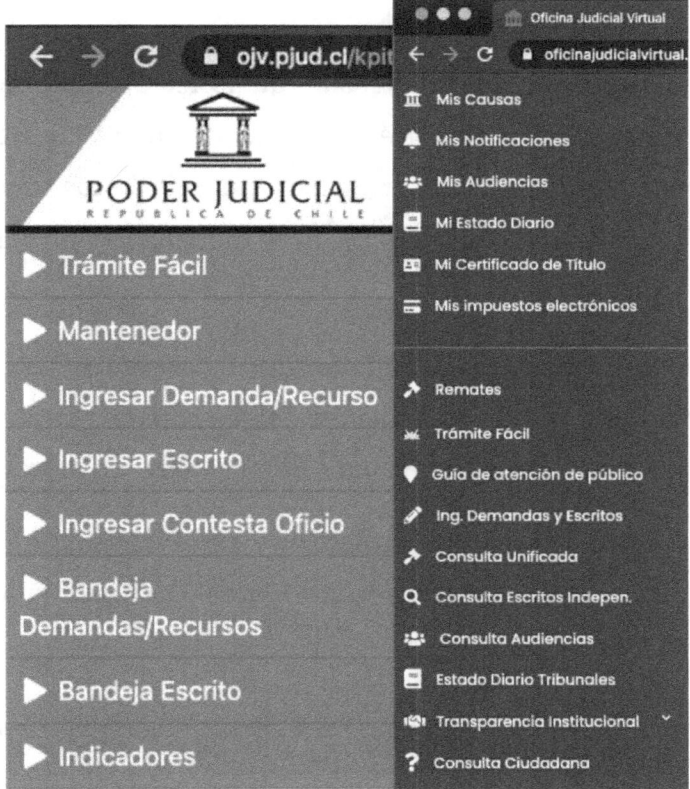

La Contraloría General de la República también ha implementado una serie de plataformas referidas a
- Personal (Siaper)
- Rendición de Cuentas
- Presentaciones de funcionarios o interesados
- Declaraciones de intereses y patrimonio.

Por su parte, el art. 8 del reglamento establece el contenido del expediente administrativo, a saber:

1.- Individualizar el procedimiento administrativo que le da origen (entendamos, por ejemplo: la materia, interesados, número de expediente, funcionario a cargo)

2.- Un registro actualizado de todas las actuaciones de cualquier especie que se verifiquen en el procedimiento administrativo, en todas sus etapas (se puede entender que en el símil de los expedientes judiciales sería en este caso iniciación, instrucción y finalización - art. 18 LPA-);

3.- Todos los documentos presentados por los interesados, terceros y otros órganos de la Administración del Estado, con indicación de fecha y hora de recepción, respetando su orden de ingreso;

4.- Las actuaciones así como los documentos y resoluciones que el ente instructor remita a los interesados, terceros u otros órganos administrativos;

5.- Las notificaciones y comunicaciones que se vayan realizando,

En estos últimos 2 casos indicando la fecha y hora de su envío, en orden de ocurrencia o egreso.

El ente instructor deberá cumplir con la norma técnica de Documentos y expedientes electrónicos que se dicte conforme al Art. 57 del Reglamento.

En cuanto al "cotejo de documentos" El Art. 11 del reglamento establece:

A.- La posibilidad de que los interesados presenten una copia digitalizada de documentos cuyo soporte (dice formato) original no sea electrónico directamente en el expediente.

En ese caso el interesado

- Declarará (no dice que bajo juramento, pero pareciera razonable, aunque sería aconsejable que norma legal al efecto lo señalara expresamente) la autenticidad y conformidad de la copia digitalizada con el documento en soporte papel original;

- Podrá presentarlo (no dice si el documento en soporte original distinto al electrónico o la copia digitalizada en comento) en dependencias del ente administrativo que tramita el expediente;

B.- El deber del interesado que presentó el documento digitalizado de conservar el soporte papel de dicho instrumento para efectos de ser requerido en cualquier momento por el ente que tramita el procedimiento, salvo que tenga un mecanismo de autenticación como código de barra, código de validación u otro;

C.- Para cotejar la autenticidad y conformidad de las copias digitalizadas de los documentos originales en formato diverso al electrónico se le puede pedir al interesado o a quien corresponda (por ejemplo ente, persona o empresa que hubiere hecho la digitalización o hubiera participado en algún trámite relacionado como obtener fotografías, planos u otros elementos a que se haga referencia en el texto) antecedentes adicionales que se estimen necesarios al efecto.

Como es una cláusula muy abierta cuya interpretación se podría prestar a arbitrariedades, es indispensable que se requiera fundar muy circunstanciadamente qué se pide y los motivos para ello, considerando los tiempos de demora y costos que ello podría traer aparejado al interesado.

D.- Se establece que toda infracción a la autenticidad y conformidad de las copias digitalizadas de documentos en soporte original diverso al electrónico hará incurrir en responsabilidades y serán aplicables sanciones legales según el caso. Como la norma no es precisa, habrá que estarse a los apercibimientos que se indiquen caso a caso.

Registro Digital único y régimen de notificaciones

En el art. 46 LPA en relación a los arts. 18 a 27 del reglamento se establece el régimen de notificaciones en los procedimientos administrativos.

En primer lugar se establece que existirá un registro único para notificaciones electrónicos que estará a cargo del Servicio de Registro Civil e Identificación, conocido como "domicilio digital único" (en lo sucesivo DDU). Art. 20 Reglamento. Este registro debe contener al menos:

- El DDU vigente que cada persona hubiere determinado en el módulo de administración de DDU;
- Todo DDU que haya realizado una persona, indicando fecha y cambio realizado;
- Circunstancia de encontrarse la persona exceptuada de ser notificada por medios electrónicos, mediante la resolución de la autoridad pertinente por cumplir los supuestos de Art. 28 Reglamento.

Por su parte el reglamento en el Art. 18 del reglamento señala que "corresponde al medio electrónico determinado por una persona para recibir las notificaciones electrónicas en todo procedimiento administrativo".

Este DDU puede consistir en
A) La Casilla Única regulada en el Art. 24 del reglamento; o
B) Una casilla de correo electrónico validado y que cumpla la norma técnica de notificaciones.

En todo momento las personas (no dice interesados pues puede ocurrir antes de iniciar un procedimiento) podrán determinar su DDU por medio del módulo que al efecto dispondrá el Servicio de Registro Civil e Identificación denominado "Módulo de Administración de DDU" en una plataforma electrónica, sin perjuicio de la determinación del DDU que se realice en cada procedimiento administrativo, Art. 19 Reglamento.

El Servicio de Registro Civil e Identificación obtendrá la información necesaria para configurar el Registro de Domicilios Digitales Únicos de la siguiente forma:

- El DDU vigente o cualquier cambio (fecha y hora), sea esta la Casilla Única o una dirección de correo electrónico, registrado en base a lo que determine la persona en el Módulo de Administración de DDU;

- La circunstancia de haber sido exceptuada la persona de ser notificada por medios electrónicos. Ello será informado por el Registro Civil a la autoridad respectiva (que conocerá de algún procedimiento administrativo) por medios electrónicos, salvo que dicha solicitud de excepción se plantee directamente ante el encargado del respectivo Servicio (sustanciador del procedimiento).

La Casilla Única tiene en el Art. 24 del reglamento la siguiente regulación:

I) Se establece que cada persona que cuente con un Rol Único Nacional (RUN, que asigna registro civil) o Rol único tributario (RUT, que asigna el Servicio de Impuestos Internos, que en el caso de las personas naturales es el mismo número de RUN) tendrá una casilla electrónica a la que podrá acceder por un medio de autenticación;

II) Ella puede ser seleccionada por cada persona como su Domicilio Digital Único para recibir válidamente las notificaciones en un procedimiento administrativo. De la lectura de este artículo se entiende que esta selección debiera ser por cada procedimiento individualmente, no operando por defecto para todos;

III) Sin embargo, en el inciso 2º del art. 24 se señala que esta Casilla Única permitirá acceder a todas las notificaciones realizadas por los órganos de la Administración en los procedimientos administrativos en que figuren como interesados o apoderados, independientemente del DDU.

En otros países se han implementado sistemas para tener direcciones únicas de inmuebles, por ejemplo en la Federación Rusa (FIAS)[25] o en el Correo de Ghana[26]. En Chile algo más humilde y menos sistémico se aprecia en los esfuerzos del Servicio de Impuestos Internos con los roles de avalúo [27](un registro real, por cada inmueble, desgraciadamente sin que coincidan los datos que en él aparecen con los del propietario inscrito - registro personal-) y Correos de Chile con sus códigos postales[28].

La regla general será que las notificaciones que se realicen en el contexto del procedimiento administrativo se realizarán en base a la información contenida en dicho registro único[29].

Sin perjuicio de esa regla general, quienes
- carezcan de medios electrónicos,
- no tengan acceso a ellos o
- sólo actuaren excepcionalmente a través de ellos

podrán pedir, por medio de un formulario, ante el ente respectivo o el encargado del Registro único, que la notificación se practique de forma diversa, existiendo un deber de respuesta dentro de 3 días. Si se deniega la resolución debe ser fundada. En caso de accederse la notificación se realizará de la forma solicitada o por carta certificada dirigida al domicilio designado en la presentación. En ese último caso se entenderá realizada la presentación al tercer día siguiente a su recepción por la oficina de correos que corresponda[30]-[31]. Arts. 46 LPA y los supuestos de procedencia en el Art. 29 Reglamento (analizado a propósito del Art. 18 LPA).

Se establece la posibilidad de que el interesado (a) se apersone a recibir la notificación en las dependencias del ente público, de lo que se deberá dejar constancia en el expediente digital, indicando fecha y hora de ello. En ese caso si el interesado (a) lo pidiere se le entregará copia de la resolución que se notifica en el formato en que se sustancie el procedimiento. En este sentido si se tratara de los casos excepcionales en que pueden ser notificados en soporte distinto al electrónico debiese permitirse que se entregue en aquel (papel).

Por otra parte, el ARt. 25 Reglamento establece que la primera notificación del procedimiento se deberá realizar:
- En el caso de las iniciadas a solicitud de interesado: al medio electrónico indicado en la petición o el alternativo conforme al Art. 46 LPA;
- Si se iniciaron de oficio ella será realizada por carta certificada respecto de quienes no tengan Domicilio Único Digital (DDU) o no hubieren solicitado de forma previa al inicio del procedimiento una notificación diversa a los medios digitales (arts. 28 y siguientes reglamento). En este caso se debe informar la necesidad de fijar DDU o bien la posibilidad de pedir formas diversas a las electrónicas.

En cuanto a la forma de realizar las notificaciones electrónicas por parte de los órganos de la Administración del Estado están reguladas en el Art. 26 Reglamento:
  a) en el Domicilio Digital único (DDU) por medio de una plataforma electrónica denominada "Plataforma de notificaciones" en la forma reglamentaria y de acuerdo a la Norma Técnica de Notificaciones;
  b) La plataforma debe reunir requisitos y condiciones que aseguren

- la constancia de la fecha y hora de envío de las notificaciones electrónicas o de su recepción por el interesado o su apoderado,
- la integridad de su contenido,
- la identidad fidedigna del remitente y
- La identidad del destinatario de la misma, todo lo que será regulado en la norma técnica de notificaciones.

   c) La plataforma de notificaciones emitirá un certificado digital al órgano estatal que corresponda indicando al menos fecha y hora del envío de la notificación al DDU registrado en el Registro de Domicilios Digitales Únicos

Por último, el art. 27 del Reglamento se establece que la notificación por medios electrónicos se entenderá practicada habiendo transcurrido 3 días hábiles administrativos desde su envío al Domicilio Digital Único (DDU), dejándose constancia en el expediente de ese hecho con fecha y hora.

"las TIC son un medio y no un fin en sí mismas y que garantizada su inalterabilidad y seguridad, son tan sólo un instrumento para facilitar el acercamiento del ciudadano a la Administración y el ejercicio del control social a ésta[32]"

Comunicaciones oficiales

Esta temática está regulada en el reglamento en los arts. 36 a 38 que paso a desarrollar.

En primer lugar se establece la necesidad de que todas las comunicaciones oficiales entre los órganos de la Administración del Estado (entendamos Administraciones Públicas) se registren en una plataforma electrónica creada al efecto, denominada "Plataforma de comunicaciones oficiales".

Las Administraciones Públicas deben utilizar la plataforma cumpliendo los estándares de seguridad, interoperabilidad, interconexión y ciberseguridad que establezcan las Normas Técnicas respectivas.

Las condiciones de uso generales de uso de esta plataforma están señaladas en el Art. 38 del reglamento:

A) Controlar el acceso a la plataforma de las comunicaciones oficiales, garantizando que

- Sólo los (as) funcionarios (as) autorizados puedan enviar y recepciones mensajes conforme a su rol y perfil de conformidad a la Norma Técnica de Autenticación;

- Sólo puedan acceder a la plataforma de comunicaciones los funcionarios definidos por cada órgano administrativo según roles asignados por la Norma Técnica de Ciberseguridad y Seguridad de la Información;

B) Asegurar la confidencialidad e integridad de su repositorio de comunicaciones oficiales y su contenido, tanto los enviados como los recibidos, conforme al Decreto Supremo 181 de 2002 del Ministerio de Economía, Fomento y Reconstrucción. Al efecto se pide que:

- Cumplan la norma técnica de documentos y expedientes en cuanto a la preservación;

- Cada comunicación tenga un identificador único y clasificación.

C) Tener respaldo de las comunicaciones oficiales, precaviendo posibles fallas de la plataforma, manteniendo un plan de contingencia para garantizar la continuidad operativa;

D) Mantener habilitadas y operativas las conexiones de sus plataformas electrónicas con la plataforma de comunicaciones oficiales, tomando los resguardos conforme a la Norma Técnica de Interoperabilidad.

Interoperabilidad

Esta temática está regulada en el reglamento en los arts. 39 a 41 que paso a desarrollar.

El Art. 39 establece que toda comunicación entre entes de la Administración del Estado practicada en el marco de un procedimiento administrativo se debe realizar por medios electrónicos, dejándose constancia de:

A) El ente que envía la comunicación;

B) El funcionario responsable del envío del requerimiento;

C) El órgano estatal al que se dirige;

D) El Procedimiento administrativo a que corresponde la comunicación;

E) La gestión, trámite o petición que se encarga o solicita; y

F) El plazo establecido para su realización, cuando corresponda.

Adicionalmente debe remitirse copia de esa comunicación al DDU de los interesados.

Conforme al Art. 40 del reglamento, de acuerdo a los principios de interoperabilidad y cooperación, los entes estatales que respecto de materias de su competencia tengan a su disposición (dice en su poder) documentos o información que sean necesarios para el conocimiento o resolución de otro órgano de la Administración debe remitirlo por medios electrónicos al ente que esté tramitando un procedimiento administrativo y lo solicite.

De acuerdo al Art. 41 del Reglamento en el caso de requerirse información sensible, sea que estén o no incluidos en bases de datos personales[33], se debe solicitar la previa autorización de interesado , dejando registro de toda solicitud entre órganos del Estado, que debe indicar al menos

I) Ente requirente;

II) Funcionario responsable de la petición;

III) Órgano destinatario de la información o documento;

IV) Procedimiento al que corresponde;

V) Datos o información que se pide;

VI) Plazo para el envío, si corresponde.

Los funcionarios tanto del ente requirente como destinatario que tengan acceso a documentos o información que contenga datos sensibles del interesado deben

- Guardar secreto y

- Emplear la debida diligencia de su tratamiento,

Siendo responsable de posibles daños conforme a arts. 7 y 11 de la ley 19628.

Estándares y condiciones de las plataformas de gestión de expedientes electrónicos

Esta temática está contemplada en el reglamento en los arts. 42 a 55, que paso a desarrollar.

En primer lugar, es necesario señalar que el Diccionario Panhispánico del Español (en rigor castellano) jurídico[34] ha conceptualizado qué se entiende por interoperabilidad:

- En general "Habilidad de dos o más sistemas o de sus componentes para utilizarse de forma conjunta e intercambiable";

- En materia administrativa "Capacidad de los sistemas de información, y por ende de los procedimientos a los que estos dan soporte, de compartir datos y posibilitar el intercambio de información y conocimiento entre ellos"; y

- Por interoperabilidad técnica "Dimensión de la interoperabilidad relativa a la relación entre sistemas y servicios de tecnologías de la información, incluyendo aspectos tales como las interfaces, la interconexión, la integración de datos y servicios, la presentación de la información, la accesibilidad y la seguridad, u otros de naturaleza análoga".

Los estándares que deben cumplir las plataformas electrónicas para llevar expedientes electrónicos están referidos a seguridad, interoperabilidad, interconexión y seguridad conforme al Art. 19

LPA y las normas técnicas respectivas.

Respecto de los estándares de Seguridad el Art. 43 señala que cada órgano de la Administración del Estado debe establecer:

A) Una política de seguridad de la información;

B) Un Plan de contingencia para mantener la continuidad operativa del servicio ante eventuales fallas de las plataformas (tanto propia de la institución como la de comunicaciones oficiales u otras) y/o fallas de conectividad, considerando de ser necesario la gestión de información crítica;

C) El o los niveles de seguridad de acceso y autenticación de las personas que requieran acceder a las plataformas electrónicas conforme a las normas técnicas pertinentes.

En cuanto a los estándares de interoperabilidad el Art. 44 establece en resumen que:

I) Los entes estatales deben habilitar servicios de interoperabilidad que permitan interoperar los expedientes conforme a los estándares fijados por la Norma Técnica de Interoperabilidad;

II) El deber de que tanto los expedientes electrónicos como los documentos, vínculos, información y/o datos de un órgano de la Administración del Estado sean interoperables con los sistemas que operen en otros entes estatales, cada uno en su competencia, sin perjuicio de los casos en que se requiera autorización expresa del interesado;

III) Los estándares de seguridad y ciberseguridad bajo los cuales deben operar los servicios (o funciones) de interoperabilidad estarán fijados por el reglamento y por las normas técnicas. El objetivo es resguardar tanto el expediente, los documentos y datos que se interoperen;

IV) Se establece el deber de los entes estatales de mantener la integración e interoperabilidad de sus sistemas con la plataforma de comunicaciones oficiales para asegurar el registro, trazabilidad y estandarización de esas comunicaciones.

En el Art. 45 del reglamento se establecen una serie de deberes de los entes estatales respecto de los estándares de conexión: Mantener habilitadas y operativas las conexiones de sus plataformas

a) Desde el punto de vista de las redes: desde internet hacia la o las plataformas de gestión de expedientes electrónicos para el acceso de los interesados y funcionarios encargados;

b) Desde un punto de vista de quienes pueden acceder o comunicarse con el ente sustanciador: Con los otros órganos de la Administración del Estado con los que pueda interoperar, considerando los resguardos de seguridad establecidos en la Norma Técnica de Interoperabilidad.

El Art. 46 del reglamento trata de los estándares de ciberseguridad señalando que:

- Cada ente debe establecer una política de ciberseguridad que permita velar por la seguridad de sus componentes de software y hardware de los equipos informáticos que almacenen, procesen e interoperen información;

- Ella debe basarse en las directrices de la Norma Técnica de Ciberseguridad y Seguridad de la Información, considerando al menos:

1.- El uso adecuado y eficaz de la criptografía sobre la información para el almacenamiento, transferencia y acceso de los expedientes e información contenido en ellos;

2.- La mitigación de los riesgos de captura o suplantación de información por personas o sistemas no autorizados, siguiendo las directrices de la norma técnica de interoperabilidad;

3.- El control de acceso a las plataformas tanto en la generación, almacenamiento y caducidad de perfiles de acceso.

En cuanto a las condiciones de accesibilidad los arts. 47 a 49 del reglamento indican:

A.- Los órganos estatales deben establecer los mecanismos de autenticación necesarios para que los funcionarios autorizados, relacionados con la gestión del procedimiento respectivo, accedan a la o las plataformas de gestión de expedientes electrónicos, Art. 48;

B.- Dichos entes deben permitir permanentemente el acceso a la plataforma de gestión de expedientes electrónicos a las personas que aparezcan como interesadas en ellos y a los órganos con los que interoperen, considerando la adecuada satisfacción de las necesidades de sus usuarios así como la disponibilidad presupuestaria;

C.- Para acceder a los expedientes se debe comprobar la identidad mediante los mecanismos de autenticación definidos por la Norma Técnica respectiva;

D.- En la plataforma de gestión de expedientes electrónico deben estar registradas la fecha y hora de recepción de todo antecedente en el expediente respectivo, así como la metadata[35] requerida conforme a la Norma Técnica de Documentos y Expedientes Electrónicos;

E.- En la plataforma debe registrarse la identidad de la persona que ingrese cualquier antecedente al expediente, sea interesado, apoderado o funcionario de la administración, así como los ingresos en forma automatizada por sistemas informáticos;

F.- El ente estatal debe mantener un registro de todo acceso a los expedientes electrónicos, en especial los que tengan información sensible, con la trazabilidad del
- funcionario o persona interesada,
- fecha y hora de acceso, y
- cualquier otra información establecida en la Norma Técnica de Documentos y Expedientes Electrónicos.

Respecto a las condiciones de funcionamiento los arts. 50 y 51 señalan que

a.- Los expedientes electrónicos deberán estar disponibles para su acceso y consulta al menos hasta que el acto administrativo terminal esté ejecutoriado (entendamos que se hayan agotado los trámites y recursos en el servicio y eventualmente en otras instituciones como el Ministerio con el que esté relacionado y/o la CGR);

b.- Transcurrida dicha oportunidad los expedientes electrónicos estarán disponibles por el tiempo definido al efecto en la política de gestión documental institucional de cada ente en lo referente a la preservación documental, la que deberá enmarcarse a lo que disponga la ley sobre eliminación o transferencia al Archivo Nacional;

c.- La incorporación de documentos a los expedientes electrónicos debe cumplir con los formatos establecidos por la Norma Técnica de Documentos y Expedientes Electrónicos referido a la preservación documental;

d.- Si se debe incorporar un documento electrónico que no cumpla los formatos establecidos por dicha norma es de responsabilidad del ente tramitador del procedimiento su conversión para dar cumplimiento a la Norma Técnica.

En cuanto a las condiciones de seguridad, protección y conservación de documentos se establecen reglas en los arts. 52 a 54 del reglamento:

i.- Los órganos administrativos deben establecer una política de seguridad de la información que permita velar por la integridad y protección de los documentos e información contenida en las plataformas conforme a las normas técnicas de Ciberseguridad y leyes aplicables, Art. 52;

ii.- Cada ente estatal es responsable de la conservación, integridad, disponibilidad y autenticidad de los expedientes electrónicos;

iii.- La conservación de los documentos electrónicos debe realizarse en un entorno que asegure su integridad y fidelidad a lo largo de su ciclo de vida (entendamos durante el curso del procedimiento y por el tiempo que la norma establezca que se guardará, utilizando los formatos para la preservación, tipos documentales y metadatos señalados en la Norma Técnica de Documentos y Expedientes Electrónicos;

iv.- Cada ente estatal debe generar y operar un repositorio digital en el que se almacenen y gestionen los expedientes y documentos conforme a los formatos y metadatos, así como las condiciones que indique la norma técnica referida;

v.- El Art. 54 reitera y precisa las normas del Art. 19 LPA y 6 del reglamento respecto de como se reconstituye el expediente electrónico de ser necesario, lo que desarrollé precedentemente. Sin embargo, desde el punto de vista sistémico llama la atención la ausencia de remisión al deber de planificación y coordinación de las jefaturas que debiera hacer casi imposible alguno de los supuestos de inexistencia de la copia fiel, so pena de incurrir en responsabilidad por omisión del cumplimiento de él en caso de producirse por no tomar las medidas de resguardo. De ahí la necesidad de capacitación, coordinación interinstitucional, buena ejecución presupuestaria además de acompañamiento en la implementación.

Respecto a las condiciones de calidad el Art. 55 del reglamento establece un deber de implementar un plan de mejora continua respecto del uso de la o las plataformas de gestión de expedientes electrónicos y las demás materias abordadas en el reglamento de acuerdo a la Norma Técnica de Calidad y Funcionamiento, el que deberá considerar al menos:

a.- Una medición anual del cumplimiento de las condiciones y estándares reglamentarios;

b.- Iniciativas de mejoras a implementar para alcanzar los niveles de estándares requeridos en base a las brechas detectadas y a los recursos disponibles.

Dicho plan se debe remitir, cuando sea requerido, al Ministerio Secretaría General de la Presidencia.

Llama la atención que no se establezca un plazo o época para cumplirlo, lo que ahorraría muchísimo tiempo y comunicaciones, pudiendo ser diferenciado por tipo de entidad, ni la necesidad de contar con una persona o autoridad en la institución estatal para cumplir con la norma.

Otras disposiciones del reglamento

En los arts. 56 a 61 del reglamento se establecen algunas importantes disposiciones finales que paso a desarrollar.

I.- Se establece que el Ministerio Secretaría General de la Presidencia tiene un rol de asesor y coordinador de todos los órganos de la Administración del Estado en

- el uso estratégico de las tecnologías digitales;

- gestión de herramientas digitales y plataformas electrónicas. Art. 56.

II.- Se establece que se deben dictar una serie de normas técnicas indispensables para la aplicación del reglamento.

Estos reglamentos serán dictados por el Ministerio Secretaría General de la Presidencia y suscritos también, según corresponda, por los del Interior y Seguridad Pública, Hacienda, Justicia y Derechos Humanos, o Cultura, Artes y Patrimonio.

Las normas técnicas, que definirán lo básico de las respectivas temáticas, son

1.- Interoperabilidad, comprendiendo

- estándares y protocolos para la interoperación de datos, documentos y expedientes;

- modelo de interoperabilidad;

- servicios de interoperabilidad;

- seguridad de las conexiones;

- esquemas y metadatos;

- mecanismo para habilitar una integración entre 2 o más órganos de la Administración;

- Forma en que los órganos administrativos deban integrarse e interoperar para registrar la autorización requerida para la remisión de documentos o información, entre ellos, datos sensibles;

2.- Seguridad de la Información y Ciberseguridad. Definirá como mínimo: estándares y normas técnicas a cumplir por las administraciones para resguardar la confidencialidad, integridad y disponibilidad de la información, así como proteger la infraestructura informática;

3.- Documentos y Expedientes Electrónicos, considerando al menos: estándares, formatos, metadatos, registros de trazabilidad y procesos a cumplir por las administraciones para administrar los documentos y expedientes que obren en su poder;

4.- Notificaciones, considerando el funcionamiento de la plataforma de notificaciones regulando al menos:

- requisitos y condiciones que aseguren constancia de fecha y hora de envío de notificaciones, recepción o acceso por el interesado o apoderado;

- especialmente la primera notificación;

- integridad del contenido;

- identidad fidedigna del remitente y destinatario;

- forma en que las administraciones deben integrarse e interoperar con el Domicilio Digital Único (DDU) para el envío de notificaciones;

- Confirmación de recepción y lectura;

- verificar si la persona a notificar está autorizada para ser notificada excepcionalmente por un medio distinto.

5.- Calidad y funcionamiento, considerando al menos

5.1.- La forma en que las plataformas electrónicas deban, dentro de sus capacidades,

- mitigar la obsolecencia tecnológica,

- mantener la continuidad operacional,

- establecer y medir niveles óptimos de servicio,

- aumentar su resilencia tecnológica[36],

- brindar medios de soporte,

- entregar información de los términos y condiciones de uso,

- monitorear el óptimo estado de su funcionamiento;

5.2.- Establecer la forma en que las instituciones desarrollarán sistemas de gestión de la calidad de sus plataformas electrónicas, para avanzar en la mejora continua de éstas, en un ciclo permanente de diagnóstico, plantes de mejora y mediciones de desempeño;

6.- Autenticación, la que

6.1.- Describirá la forma en que los órganos administrativos deban integrarse con el mecanismo de autenticación correspondiente para los sistemas informáticos de éstos puedan validar la identidad de las personas, que actúen en el procedimiento o ingresen a la (s) plataformas electrónicas de las administraciones;

6.2.- Detallará otros factores de autenticación tales como:

- Certificados de firma electrónica avanzada,

- biometría,

- preguntas de validación, entre otros.

III.- En el art. 58 se establecen los criterios de elaboración de las Normas Técnicas, requiriendo que se consideren al menos los siguientes:

- Estándares internacionales emitidos por organismos reconocidos en la materia,

- Opciones recogidas en consulta ciudadana (por ley 20500) y por consulta a otros órganos de la Administración del Estado (por Art.

37 bis LPA),

- Las Normas Técnicas que sean de uso frecuente en el país,

- Procesos de adopción de normas con la gradualidad necesaria que permita a los órganos de la Administración del Estado adecuarse a los cambios y su correcta aplicación.

IV.- Se establece el deber de revisar al menos cada 2 años las normas técnicas para determinar si requieren o no actualización, contado desde la entrega en vigencia de ellas.

V.- Se requiere que las soluciones tecnológicas que se adquieran o desarrollen para cumplir con la implementación de la ley 21.180 consideren los principios del Art. 2 del reglamento y las normas técnicas;

VI.- A fin de que no quede duda alguna, el Art. 61 del Reglamento establece que las normas técnicas serán aplicables a todas las plataformas o sistemas informáticos que se interconecten, interoperen o permitan el acceso a la (s) plataformas de gestión de expedientes electrónicos y la plataforma de comunicaciones oficiales.

VII.- Por último, los artículos transitorios abordan varias temáticas:

- La entrada en vigencia: en las épocas que determine el DFL 1-2020;

- La época en que se deben dictar las Normas Técnicas: Dentro de 90 días siguientes a la publicación del Reglamento en el Diario

Oficial;

- Aplicación temporal: Se aplicará el reglamento a los procedimientos iniciados con posterioridad a la entrada en vigencia de la ley 21.180;

- Se podrá aplicar a procedimientos iniciados antes de esa oportunidad siempre que no se afectaren a interesados o terceros, cambiando por la institución a tramitación a medios electrónicos, notificando a interesados y terceros;

- En procedimientos iniciados antes de la vigencia y que no estén en el caso anterior, se podrá cambiar por tramitación electrónica, previo consentimiento de todos los interesados o terceros involucrados, manifestado sea en papel o digital;

- Todos los convenios de interoperabilidad de plataformas electrónicas suscritos entre órganos de la Administración del Estado que no sean compatibles con la Norma Técnica de Interoperabilidad quedarán sin efecto.

CAPÍTULO 3.

¿QUÉ OTRAS NORMAS SE REQUIEREN PARA APLICAR LA LEY 21.180?

> "El diablo está en los detalles".
> Proverbio anglosajón[37]

Sistema

Antes de analizar las otras normas que se han dictado para la implementación de la ley 21.180 es necesario resaltar que en el mundo actual, y el Estado es un ejemplo de ello, estamos rodeados de una serie de sistemas con sus respectivas subdivisiones, los que es necesario articular para lograr soluciones concretas a las problemáticas de la comunidad. Por ello se requiere mirar el todo, en la especie la multiplicidad de diversos temas que requieren trámites del Estado, para determinar la necesidad de regulaciones.

En ese contexto se entiende este capítulo pues ellos están interrelacionados, organizados y deben actuar en conjunto cada uno dentro de sus respectivos límites, potenciando su carácter de un todo para satisfacer de forma más eficiente las necesidades de la comunidad para quien el Estado es - y siempre debió haber sido - uno sólo, independiente del ente ante el cual se realizará un trámite.

Otras normas:

Como se desprende de la lectura de la misma ley 21180, es necesaria la dictación de una serie de reglamentos y leyes para la total implementación de ella. A continuación analizo algunas.

Gradualidad

El DFL 1-2020, titulado "Establece normas de aplicación del artículo 1° de la ley N°21.180, de Transformación Digital del Estado, respecto de los procedimientos administrativos regulados en leyes especiales que se expresan a través de medios electrónicos y determina la gradualidad para la aplicación de la misma ley, a los órganos de la Administración del Estado que indica y las materias que les resultan aplicables"[38], del Ministerio Secretaría General de la Presidencia se publicó en el Diario Oficial el 6 de abril de 2021.

En los arts. 1 a 3 se establece que la ley 21180 se aplicará

a.- A los procedimientos administrativos regulados en leyes especiales que se tramiten a través de medios electrónicos;

b.- A los órganos de la Administración del Estado indicados en el Art. 2 LPA, a saber:
- ministerios,
- las intendencias y las gobernaciones (desde junio 2021 Gobernación regional así como delegados presidenciales regionales y provinciales);
- los servicios públicos creados para el cumplimiento de la función administrativa;
- Contraloría General de la República,
- Fuerzas Armadas y a las Fuerzas de Orden y Seguridad Pública,

- gobiernos regionales y
- municipalidades;

c.- En las condiciones que se determinan en el DFL 1 -2020;

d.- Se aplicará la ley 21.180 en todo lo no previsto en ellas y en tanto no sean contradictorias con ellas;

e.- Sin perjuicio de ello, se aplicará obligatoriamente siempre en las siguientes materias:

1.- Comunicaciones oficiales entre los órganos de la Administración del Estado, las que se deberán realizar conforme a Art. 19 LPA y el reglamento;

2.- Notificaciones, estableciendo que todas ellas que se realicen en un procedimiento se incluirán en el Domicilio Digital Único (DDU) de los interesados, lo que no reemplazará a la notificación establecida por el medio establecido en la ley especial;

3.- Registro de actuaciones en expedientes electrónicos, requiriendo que las actuaciones realizadas por medios distintos a los electrónicos se deban registrar, siendo digitalizadas e incorporadas al expediente digital;

4.- Principio de interoperabilidad.

Por su parte en los arts. 4 a 7 se establece la gradualidad de aplicación de la ley 21180, indicando criterios al efecto, separando por grupos de entes públicos y por fases:

	Grupo A	Grupo B	Grupo C
Año 1	Fase 1	Fase 1	
Año 2	Fase 2 y 3	Fases 2 y 3	Fases 1 y 2
Año 3	fases 4, 5 y 6	Fase 4 y 5	Fases 3 y 4
Año 4		fase 6	Fases 5 y 6

El año 1 va desde la entrada en vigencia de la ley 21.180 (180 días desde la entrada en vigencia de los reglamentos) hasta el 31 de diciembre de ese año.

El año 2 se computa desde el 1 de enero al 31 de diciembre de cada año, salvo la última anualidad que será hasta el 11 de noviembre de 2024.

Si la entrada en vigencia de la ley se produzca dentro del año 2022 el primer año comprenderá los años 1 y 2, el segundo año comprenderá el año 3 y el tercer año comprenderá el año 4 hasta el 11 de noviembre de 2024.

Las materias de aplicación obligatoria del Art. 3 se aplicarán gradualmente comprendidos dentro de las fases 1, 2, 4 y 6 respectivamente. Art. 7 DFL 1-2020.

El grupo A comprende:
1.- Ministerios;
2.- Servicios Públicos creados para el cumplimiento de la función administrativa, no comprendida en los otros grupos;
3.- Contraloría General de la República;
4.- Fuerzas Armadas y Fuerzas de Orden y Seguridad Pública;
5.- Delegaciones presidenciales regionales (otrora intendencias regionales) y provinciales (otrora gobernaciones provinciales).
En síntesis: el estado central y el ente superior de control externo.

El grupo B comprende a

i.- Gobiernos regionales;
ii.- Las municipalidades de las conurbaciones más grandes del país y principales ciudades:

1.- Norte del país:
- Arica,
- Iquique-Alto Hospicio,
- Antofagasta,
- Calama,
- Copiapó,
- La Serena - Coquimbo;

2.- Centro del país:
- Valparaíso - Viña del Mar - Calera -Villa Alemana, Concón, Quillota, Quilpué, La Cruz,
- Otras ciudades del litoral central: Cartagena, El Tabo, Santo Domingo, San Antonio;
- Gran Santiago: Cerrillos, Cerro Navia, Colina, Conchalí, El Bosque, Estación Central, Huechuraba, Independencia, La Cisterna, La Florida, La Granja, La Pintana, La Reina, Lampa, Las Condes, Lo Barnechea, Lo Espejo, Lo Prado, Macul, Maipú, Ñuñoa, Padre Hurtado, Pedro Aguirre Cerda, Peñaflor, Peñalolén, Pirque, Providencia, Pudahuel, Puente Alto, Quilicura, Quinta Normal, Recoleta, Renca, San Bernardo, San Joaquín, San Miguel, San Ramón, Santiago, Talagante y Vitacura;

- La conurbación Rancagua- Machalí;
- Maule: Curicó y Talca;
- Gran Chillán: Chillán y Chillán Viejo;

3.- Sur del País:

- Gran Concepción: Concepción, Talcahuano, Hualpén, Penco, San Pedro de la Paz, Chiguayante, Tomé, Coronel y Lota;
- Los Ángeles, Temuco, Valdivia, Osorno,
- Gran Puerto Montt: Puerto Montt-Puerto Varas;

4.- Patagonia, representada por sus principales ciudades:
- Coyhaique
- Punta Arenas.

El grupo C comprende todas las demás municipalidades del país.

Las fases comprenderán lo siguiente:

Fase 1, Las Comunicaciones entre los órganos de la Administración se registrarán en la plataforma de comunicaciones oficiales (art. 19 inciso 6° LPA);

Fase 2, las notificaciones se realizarán por medios electrónicos (arts. 30 y 46 LPA);

Fase 3, el ingreso de las solicitudes, formularios o documentos se harán mediante documentos electrónicos o por medio de formatos electrónicos a través de plataformas digitales (arts. 18 inciso 4° y 30 inciso 4° LPA);

Fase 4, el procedimiento administrativo deberá constar en expedientes electrónicos (arts. 1° inciso 2°, 5, 16 bis inciso 4°, 18 incisos 3° y 6°, 19 y 25 inciso final LPA);

Fase 5, las solicitudes, formularios o escritos presentados en soporte papel serán digitalizados e ingresados el expediente electrónico inmediatamente (arts. 18 y 19 bis LPA);

Fase 6, se aplicará el principio de interoperabilidad (art. 16 incisos 2° y 5° LPA.

Archivo

El 15 de marzo de 2021 se publicó en el Diario Oficial el DFL 1 del Ministerio de las Culturas, Las Artes y el Patrimonio estimulado "determina los requisitos del método de elaboración, conservación y uso de las microformas y de aquellos a emplear en la destrucción de documentos originales en virtud de la ley 18845.

En los arts. 1 y 2 se establece el Objeto y Ámbito de Aplicación de esta ley:

- Objeto: "normar los requisitos para la elaboración, conservación y uso de las microformas," y determinar el método de destrucción de documentos originales referidos en la ley 18.845 cuando corresponda,

Para comprender mejor el tema cabe señalar que el art. 1º inciso 1º de la ley 18845 define microforma como "Para los efectos de esta ley, microforma es cualquier alternativa de formatos de películas fotográficas, microfilmes u otros elementos análogos que contengan imágenes de documentos originales como producto del proceso de microcopia o micrograbado y que sean susceptibles de ser reproducidos."

- Ámbito de Aplicación: Es aplicable a

a.- los documentos pertenecientes a la administración pública centralizada y descentralizada, y de registros públicos

b.- los documentos pertenecientes a archivos privados, con respecto a la elaboración de microformas a través del proceso de digitalización (las que tendrán el mismo mérito que los documentos originales conforme a ley 18845 arts. 5 y 6).

Por su parte los arts. 3 a 5 regulan la elaboración de las Microformas, estableciendo:

- a.De Integridad: En virtud de él se debe respetar la estructura física y lógica del documento original en soporte papel;

- a.De Fidelidad: Por él se debe acreditar que los contenidos de las imágenes son exactos y están libres de error o distorsión con respecto al documento original;

- a.De Indelebilidad: En virtud de él se debe garantizar la gestión de la microforma y la estabilidad material del sistema de almacenamiento;

- a.De Legibilidad: Por el que se debe asegurar la recuperación y reproducción de los contenidos de la microforma.

- Se establece que cada institución es responsable de designar a los funcionarios a cargo del proceso de digitalización de originales en soporte papel conforme a ley 18845, de lo que se debe llevar registro (Art. 4);

- En el Art. 5º se establecen los requisitos para que la microforma tenga tanto el valor probatorio equivalente al original como tenga la calidad de copia fiel: Debe estar compuesta por:

  a.Debe contener como metadatos obligatorios, al menos,
  - la referencia a su condición de copia fiel de documento original en soporte papel;
  - resolución de la captura;
  - cantidad de páginas del documento original;
  - fecha y hora de la diligencia;
  - identidad del (de la) ministro(a) de fe y referencia al estado de conservación, elementos que componen el acta de apertura

(Art. 3 inciso 2 ley 18.845).

a. Debe contar con firma electrónica avanzada del (de la) ministro(a) de fe.

En los arts. 6 y 7 se establecen los requisitos de Conservación y uso de las microformas:

- **_Conservación_** (Art. 6º): En este punto se abordan 3 aspectos:

a.- El deber de atender especialmente en la conservación de las microformas que resulten del proceso de digitalización de documentos originales en soporte papel a que deben mantener sus calidades de documento y de archivo;

b.- Se establecen conceptos de calidad de

- Documento de la microforma el ser copia fiel de un original en soporte papel incluso en sus imperfecciones;

- archivo se refiere a la condición de la microforma de mantener en forma fiel, indeleble, legible e íntegra su calidad de documento

c.- Se establece el deber de las instituciones que conserven microformas de cumplir los Arts. 42 y 43 del reglamento de la ley 19799 (deber de contar con un repositorio de documentos digitales y estándares de ellos). Esas normas regulan:

c.1.- Deber de los órganos que utilizan documentos electrónicos de contar con un repositorio o archivo electrónico a los efectos de su archivo una vez que haya finalizado su tramitación;

c.2.- El repositorio es de responsabilidad del funcionario (a) a cargo del archivo, sin perjuicio de convenios de cooperación entre entes estatales o contratar servicios de empresas privadas;

c.3.- El repositorio debe garantizar el respeto de normas de publicidad conforme a la normativa legal pertinente;

c.4.- El repositorio debe garantizar la seguridad, integridad y disponibilidad de la información en él contenida;

c.5.- La información debe estar respaldada en copias de seguridad conforme a determinadas características (Art. 43):

a. La información deberá ser respaldada con cada proceso de actualización de documentos.

b. Se deberá mantener una copia de seguridad en el lugar de operación de los sistemas de información y otra en un centro de almacenamiento de datos electrónicos especializado. Este centro de almacenamiento de datos electrónicos, que puede ser propio o provisto por terceros, deberá cumplir con condiciones tales como un estricto control de acceso, un completo y detallado registro de entrada y salida de respaldos, resguardo de la humedad, temperatura adecuada, control del riesgo de incendio y otras.

c. El esquema de respaldo deberá ser simple, basado en generación de copias acumulativas, con el objeto de mantener la historia de la información en el mínimo de versiones posibles.

c.6.- La seguridad, integridad y disponibilidad del Repositorio deben estar caracterizadas por:

i.- Medidas de seguridad y barreras de protección, frente al acceso no autorizado de usuarios;

ii.- Contar con monitoreo y alarmas que se activen cuando ocurra un evento no autorizado o fuera de programación, para el caso de eventuales fallas de las medidas de seguridad al acceso;

iii.- La sustitución de la información, por la versión más reciente que se disponga, en el menor tiempo posible, en casos de alteración no programada de aquella;

d. La existencia de un programa alternativo de acción que permita la restauración del servicio en el menor tiempo posible, en caso que el Repositorio deje de operar por razones no programadas.

- **_Del Uso_** (Art. 7º): Se establece un deber a las instituciones de adoptar las medidas necesarias para permitir el uso de las microformas resultantes del proceso de digitalización conforme a la normativa.

Por último, en los arts. 8 a 14 se dedican a establecer reglas respecto de la Conservación y Destrucción de los Documentos Originales en Soporte Papel que consten en una microforma.

- Las instituciones deben adoptar las medidas necesarias para garantizar que los documentos originales en soporte papel que consten en una microforma se mantengan accesibles y en buen estado de conservación física, de acuerdo con las directrices que emita el Archivo Nacional en sus competencias (Art. 8 DFL en relación a Art. 6 inciso 3º ley 18845)

- Se prohíbe la destrucción de los documentos originales en soporte papel que consten en una microforma que pertenezcan a

i.- la administración pública centralizada (por ejemplo ministerios) o descentralizada (por ejemplo municipios) y de registros públicos, respecto de los cuales el (la) Conservador(a) del Archivo Nacional señale fundadamente la necesidad de preservarlos por su valor histórico o cultural (Art. 9)

ii.- archivos privados (en este caso señala "soporte físico", que es más amplio que el mero papel) en la medida que cumplan condiciones indicadas en el Art. 10:

a. Hayan sido declarados monumentos nacionales de conformidad a la ley respectiva.

a. El (La) Conservador(a) del Archivo Nacional se oponga a su destrucción fundamentando su valor histórico y cultural.

a. Se trate de alguno de los documentos señalados en el Art. 7° de la ley 18.845, salvo que los directores regionales del Servicio de Impuestos Internos autoricen su destrucción, de acuerdo al inciso 2º de dicho artículo, sin perjuicio de otras leyes especiales sobre eliminación documental.

- Para iniciar el proceso de destrucción en los casos en que procede la destrucción de documentos en soporte papel que se hubieran digitalizado y realizada microforma (salva las excepciones de los arts. 9 y 10 del DFL), se debe verificar que:

a. Hayan transcurrido 10 años desde la fecha de elaboración de la microforma de aquellos documentos pertenecientes a la administración pública centralizada y descentralizada o de registros públicos.

a. Hayan transcurrido 5 años desde la fecha de elaboración de la microforma de aquellos de los documentos pertenecientes a archivos privados.

- El art. 12 requiere que la destrucción de documentos sea por un aviso en el Diario Oficial, con una anticipación mínima de 60 días respecto de la fecha fijada para la destrucción de documentos pertenecientes a archivos o registros públicos, y de 90 días en el caso de los documentos pertenecientes a archivos privados. En el aviso debe informarse la fecha prevista para la destrucción, así como una breve descripción genérica de los documentos y de la fecha o período en que se emitieron.

- El Art. 13 del DFL establece que el (la) Conservador(a) del Archivo Nacional podrá verificar las condiciones de conservación y organización de los documentos originales en soporte papel que se mantengan bajo la custodia de los correspondientes servicios < facultad delegable a los(as) funcionarios(as) del Archivo Nacional que estime pertinentes> en el caso de los documentos a que se refiere el Art. 14 del DFL 5200 de 1929 del Ministerio de Educación, a saber:

"Artículo 14. Ingresarán anualmente al Archivo Nacional:
a) Los documentos de los Departamentos de Estado que hayan cumplido cinco años de antigüedad;
b) Los documentos de las Intendencias y Gobernaciones que hayan cumplido sesenta años de antigüedad;
c) Los libros de actas de las Municipalidades que tengan más de sesenta años de antigüedad;
d) Los protocolos notariales, los registros de hipotecas, los registros conservatorios de bienes raíces, de comercio y de minas, los libros copiadores de sentencias de los Tribunales de Justicia y los expedientes judiciales que hayan cumplido ochenta años de

antigüedad;

e) Los protocolos notariales, los registros de hipotecas, los registros conservatorios de bienes raíces, de comercio y de minas, los libros copiadores de sentencias de los Tribunales de Justicia y los expedientes judiciales de las provincias de Tarapacá y Antofagasta y de los Territorios de Aysén y Magallanes, que hayan cumplido treinta años de antigüedad.

En el mes de Marzo de cada año, los Subsecretarios de Estado, los Intendentes, Gobernadores, Alcaldes, Presidentes de Junta de Vecinos, Notarios, Conservadores de Bienes Raíces, Comercio y Minas, Archiveros Judiciales y Jueces dispondrán el envío al Archivo Nacional de los documentos que reúnan las condiciones anteriormente señaladas. Los funcionarios mencionados que no den cumplimiento a esta disposición incurrirán en una multa de diez pesos por cada día de atraso. Esta multa se impondrá por el Presidente de la República, en vista del denuncio de la Dirección General, y su producido incrementará los fondos de la Caja Nacional de Empleados Públicos y Periodistas.

No obstante, la documentación del Ministerio de Defensa Nacional, de las Fuerzas Armadas, de Orden y Seguridad Pública, y de los demás organismos dependientes de esa Secretaría de Estado o que se relacionen con el Supremo Gobierno por su intermedio, se archivará y eliminará conforme a lo que disponga la reglamentación ministerial e institucional respectiva. No será aplicable a dicho Ministerio ni a las Instituciones u Organismos referidos en este inciso, el artículo 18 de esta ley."

- El Art. 14 del DFL establece los requisitos para el ente que debe llevar a efecto la destrucción física de los documentos en papel:

i.- Se debe emplear cualquier método que garantice la imposibilidad de reconstrucción de los documentos y su utilización posterior;

ii.- Se establece el deber de la institución encargada el elaborar un procedimiento ad hoc que incorpore las recomendaciones que en esta materia imparta el Archivo Nacional, mediante las resoluciones que emita su Director(a) al efecto;

iii.- Se establece como estándar propender a tener métodos alternativos a la incineración en la eliminación de documentos, que minimicen los daños medioambientales.

> *"Cada vez más se observan los esfuerzos orientados a adecuar las organizaciones al complejo escenario en que se mueven. Cambios de reglas de juego, incremento de la competencia, apertura al mundo a través de la tecnología, hacen al cliente mucho más exigente, modificando sus demandas y necesidades."*[39]

Rol de Registro Civil

Como analicé previamente del texto de la ley 21180 y sobre todo del reglamento, el rol del Registro Civil es fundamental principalmente respecto del domicilio digital único. Adicionalmente se han dictado hasta el momento (Junio 2021) 2 normas que pasaré a analizar:

DFL 89-2020: "ESTABLECE NORMAS PARA REGULAR LOS REGISTROS Y PROCEDIMIENTOS RELATIVOS A INSCRIPCIONES, SUBINSCRIPCIONES Y CERTIFICADOS, A CARGO DEL SERVICIO DE REGISTRO CIVIL E IDENTIFICACIÓN, NECESARIAS POR LAS MODIFICACIONES INTRODUCIDAS A LA LEY Nº 19.880 Y EL ARCHIVO, LOS LIBROS Y LOS DOCUMENTOS, Y SUS MEDIOS DE REGISTRO, QUE DEBAN LLEVAR LOS OFICIALES CIVILES, EN VIRTUD DE LO DISPUESTO EN EL ARTÍCULO OCTAVO TRANSITORIO DE LA LEY Nº 21.180, SOBRE TRANSFORMACIÓN DIGITAL DEL ESTADO"[40], que paso a desarrollar:

En primer lugar, desde un punto de vista formal, contempla artículos en letras y en números. Los primeros están referidos el inicial a contemplar el articulado operativo y el artículo segundo a la oportunidad de entrada en vigencia, que comenzará a regir junto a la ley 21180.

En segundo punto las disposiciones generales (Arts. 1 a 3) establecen:

- El Art. 1º señala que el Servicio de Registro Civil e Identificación (en lo sucesivo Servicio), se debe relacionar con otros órganos del Estado, servicios públicos, y la ciudadanía, a través de medios electrónicos que aseguren la correspondiente interoperabilidad tecnológica. Los trámites realizados en ellos tienen el mismo valor que las efectuadas en las oficinas físicas.

Se conceptúa que se entiende por tal "aquellos que tienen capacidades digitales, inalámbricas, ópticas, electromagnéticas u otras similares, en lo relativo a los registros que le encomienda llevar la ley, y los procedimientos relacionados con aquéllos."

- Un aspecto fundamental se establece en el ARt. 2º que señala que el Servicio debe administrar una plataforma electrónica para que los órganos del Estado, servicios públicos, y las personas naturales, ingresen sus solicitudes y demás documentos electrónicos, de conformidad al procedimiento que corresponda.

En las interacciones realizadas en esta plataforma el Servicio debe acreditar para todos los efectos legales la identidad del emisor a través del uso de un sistema de autenticación, y la integridad del mensaje o documento electrónico.

- El Art. 3º establece que el Servicio debe mantener un expediente electrónico por cada titular de un número de rol único nacional de identidad -RUN[41] -, en el que se deben registrar los datos, antecedentes y actuaciones, correspondientes a solicitudes relacionadas con los registros a su cargo.

Al contenido de este expediente pueden acceder:

a.- Los funcionarios del Servicio de Registro Civil e Identificación autorizados al efecto,

b.- Los titulares del RUN, a través del sistema de autenticación que determine el Servicio.

Sobre el RUN es necesario señalar que

- Es único por cada persona natural o jurídica;
- Cumple la función también de rol único tributario;
- Es "válido para todos los registros en que deba inscribirse, ya sea en razón de su estado, actividad, ejercicio de derechos políticos, obligaciones tributarias o cualquiera otra actuación que le concierna." (Art. 1º DS 18-1973).
- En el Art. 4º se establece que todos los registros que estén a cargo del Servicio se deben

a.- llevar por medios electrónicos;
b.- almacenar en la base de datos del Servicio,
c.- aplicar las normas que establezcan las respectivas leyes además del DFL 89 en análisis.

En los registros se debe dejar constancia de
i.- las inscripciones,
ii.- subinscripciones y,
iii.- en general, de cualquier anotación,

que
a.- se realizarán conforme a la normativa que los regulen,
b.- se incorporarán en el registro que se almacena en la base de datos del Servicio, por el funcionario que atienda el requerimiento respectivo, previa acreditación de los requisitos que disponga la ley.

- El Art. 5º establece que toda inscripción en uno de los registros a cargo del Servicio, debe practicarse a través del sistema electrónico del Servicio, las que deben ser almacenadas en un Registro Electrónico.
- El Art. 6º requiere que las alteraciones, complementaciones o modificaciones que afecten a alguna de las inscripciones en los registros que lleva el Servicio por disposición de la ley, se debe

dejar constancia en el Registro Electrónico del Servicio.

- Por su parte, el Art. 7º regula la reconstitución de inscripciones señalando:

a.- En caso de extravío o destrucción de una inscripción, ya sea en soporte físico o electrónico, se debe iniciar un procedimiento de reconstitución;

b.- Para ello se requieren todos los antecedentes que consten en el Servicio o que pueda aportar el interesado u otros órganos del Estado y servicios públicos;

c.- Si el Servicio estima que existen antecedentes suficientes para reconstituir y extender una nueva inscripción, remite la documentación recopilada por vía electrónica al Archivo General, para que, con el mérito de aquélla y mediante una Orden de Servicio se ordene la reconstitución de la inscripción, cualquiera sea el soporte en que se encuentre;

d.- Una vez reconstituida la inscripción, se ingresa a través del sistema electrónico del Servicio, y se deja constancia de aquélla en el Registro Electrónico.

e.- El procedimiento se rige por el artículo 21 de la ley Nº 4.808, sobre Registro Civil.

Los arts. 8 y 9 se refieren a procedimientos administrativos que alteren, modifiquen o complementen una inscripción en uno de los registros a cargo del Servicio.

El art 8º establece el deber de incorporar en un expediente electrónico de forma cronológica y sucesiva los procedimientos administrativos que alteren, modifiquen o complementen una inscripción en uno de los registros a cargo del Servicio. Ello incluye todas las actuaciones relacionadas con dicho registro hasta su término, mediante la dictación del acto administrativo correspondiente.

El Art. 9º establece el contenido del expediente electrónico del procedimiento administrativo:

i.- Los documentos presentados por los interesados, por terceros y por otros órganos del Estado y servicios públicos, según corresponda, con expresión de la fecha y hora de su recepción, respetando su orden de ingreso.

ii.- Las actuaciones, los documentos y resoluciones que el Servicio remita a los interesados, a terceros o a otros órganos del Estado y servicios públicos y

iii.- las notificaciones y comunicaciones a que éstas den lugar, con expresión de la fecha y hora de su envío,

Todo ello debe ingresarse en estricto orden de ocurrencia o egreso, según corresponda.

En cuanto a otros requisitos del expediente electrónico:

a.- Todos los documentos en soporte papel donde consten actuaciones, documentos y resoluciones del Servicio dentro de un procedimiento administrativo deben ser digitalizados e ingresados al expediente electrónico inmediatamente;

b.- El expediente administrativo debe mantenerse actualizado y estar permanentemente disponible para el acceso de interesados por medio de un sistema de autenticación, con indicación de la fecha y hora de su presentación, ocurrencia o envío, sin perjuicio de las normas de la ley Nº 19.628, sobre protección de la vida privada.

Los arts. 10 a 16 se refieren a las subinscripciones y los certificados.

Los arts. 10 a 12 abordan las subinscripciones señalando que:

- Deben practicarse en el registro respectivo por medios electrónicos, siendo almacenadas en el Registro Electrónico indicado en el Art 5º DFL 89;

- Pueden pedirse por medio de la plataforma (art. 2 DFL 89);

- Debe practicarse a través del sistema electrónico del Servicio;

- Debe dejarse constancia de ella en el Registro Electrónico;

- Si una ley exige llevar un duplicado del registro, la subinscripción debe practicarse coetáneamente en ambos.

Los arts. 13 a 16 abordan los certificados señalando:

- Se establece un deber de expedir certificados por medios electrónicos respecto de los que se pidan respecto de los registros a cargo del Servicio;

- Los certificados electrónicos tendrán el mismo valor que los que, por vía excepcional, se extiendan en otros soportes;

- Si se requieren certificados por otros órganos del Estado y servicios públicos para el cumplimiento de sus fines ellos se expiden sólo por medio de la plataforma electrónica, dejándose constancia por la palabra "Oficial" en su encabezamiento, los que sólo pueden ser utilizados por éstas, siendo remitidos por medios electrónicos;

- Se reitera en el Art. 15 que las personas pueden tener acceso a los registros a través del sistema electrónico del Servicio;

- Los formularios para las actuaciones relacionadas con los registros que lleva el Servicio deben estar disponibles gratuitamente en la plataforma electrónica del Servicio así como en las oficinas a nivel nacional, debiendo proveerse información clara, fidedigna y actualizada, sobre la forma de usarlos.

Los arts. 17 a 21 regulan el archivo y los libros a cargo de los oficiales civiles señalando:

- Todos los libros cuya custodia y archivo la ley pone a cargo de los Oficiales Civiles, deben llevarse por medios electrónicos (art. 17 en relación al 4 DFL 89);

- Los oficiales civiles deben realizar una serie de actos de los que se deben dejar inscripciones así como las que complementen o modifiquen en el registro electrónico, señala al efecto:

i.- inscribir nacimientos y defunciones requeridos dentro de su territorio jurisdiccional;

ii.- Celebrar e inscribir matrimonios, dentro de su competencia;

iii.- inscribirán y anotarán, en los registros que correspondan, los actos y contratos relativos al estado civil de las personas.

- El valor probatorio de las inscripciones en el registro electrónico es el mismo, cuando la ley exija original y copia del registro, Art. 19;

- Una vez practicada la inscripción a través del sistema electrónico del Servicio, el Oficial Civil, solo para el caso de registros duplicados, debe remitir el registro original al Archivo General, cuando corresponda, para su custodia y archivo (art. 20);

- El Art. 21 establece que el registro copiador se almacena en el Registro Electrónico del Servicio;

- Si se pide copia del registro, el Oficial Civil competente la debe emitir actualizada, indicando la fecha y hora del último asiento practicado en el registro respectivo, a través del sistema electrónico del Servicio.

Los arts. 22 a 27 regulan respecto de los documentos y sus medios de registro en las oficinas del Servicio.

De ellos los arts. 22 a 24 se refieren a las Oficinas y la Plataforma electrónica que abordan:

- El Art. 22 permite a los interesados en una inscripción o en cualquier otro trámite administrativo de su competencia, podrán dar inicio a su requerimiento, accediendo a la plataforma electrónica del Servicio (art. 2 DFL 89) a través del sistema de autenticación habilitado al efecto por el Servicio, sin perjuicio de las funciones presenciales que la ley le encomienda al Oficial Civil

- La plataforma referida

i.- Debe permitir proporcionar información conducente a que la gestión de la competencia del Oficial Civil se efectúe en el menor tiempo posible;

ii.- Puede informar al interesado si los documentos se encuentran en condiciones de ser recibidos a tramitación;

iii.- Puede disponer de información de interés para los usuarios de su comunidad, relativas a las actuaciones que en ella se deban gestionar de acuerdo a la ley, de acuerdo a las características particulares de la circunscripción del Oficial Civil que corresponda.

-Se establece como obligación al Oficial civil de cada circunscripción el velar porque se mantenga actualizada la información que corresponda a su Oficina y territorio, sujetándose a las directrices y lineamientos que emanen de las autoridades de las cuales depende (ley 19477).

Por su parte, los arts. 25 a 27 abordan los documentos y sus medios de registro.

-Se establece que los documentos que el oficial civil deba guardar y conservar en su oficina para su ejercicio deben ser llevados por medios electrónicos;

-Los índices que legalmente debe llevar el Oficial Civil de inscripciones a su cargo son electrónicos y correlativos de todas la inscripciones practicas durante el año, con sus respectivas actas de apertura y cierre;

-También son electrónicas las actas que el debe intervenir legalmente como ministro de fe, por medio del sistema electrónico del Servicio y una vez suscritas por él (ella) o los titulares de la inscripción en la cual recaen, o por quien determine la ley, las que deben vincularse al registro o subinscribirse, cuando corresponda.

Si bien no es indispensable para la operatividad de la ley 21.180, se dictó también, sin perjuicio de muchos otros que se deberán dictar, el Decreto Supremo 22 del Ministerio de Justicia y Derechos Humanos que aprueba el reglamento del Registro de Vehículos Motorizados, publicado en el Diario Oficial de 22 de abril de 2021 que establece que el registro será electrónico.

CAPÍTULO 4. ¿ES LA LEY 21.180 DE CHILE IGUAL, MEJOR O PEOR QUE OTRAS DEL DERECHO COMPARADO?.

"La perspectiva permite el juicio, la comparación, la reflexión", La Náusea, Jean Paul Sartre.

Siempre es importante en materia de cambio de regulaciones en temáticas que son comunes a distintas latitudes el efectuar una comparación a fin de determinar los aciertos y desaciertos de cada una para poder realizar las actualizaciones o adecuaciones necesarias para tener una mejor normativa. En ese orden de ideas en este capítulo intentaré responder brevemente a las siguientes interrogantes respecto de la normativa aprobada en Chile y el reglamento ¿es igual, mejor o peor que otras? Así como ¿ sirve para interpretar a su alero los procedimientos administrativos? . Se analizarán brevemente en algunos aspectos normas similares de Argentina, España y Estonia.

Regulaciones

El único de los países formalmente federales de los analizados, Argentina, tiene una regulación a nivel de la nación que luego se replica en las provincias, municipios y Ciudad Autónoma de Buenos Aires. Se implementó a contar de 2019 un sistema de gestión documental electrónica (GDE), en base a leyes 27466 (Ley de Simplificacion y Desburocratización de la Administración Pública Nacional[42]) que establece la interoperabilidad. Dicho sistema contempla una plataforma de Trámites a distancia (TAD). Adicionalmente cuentan con la ley 25506 (de 2001)[43] de firma electrónica así como numerosa regulación a nivel reglamentario[44].

Por su parte, España ha establecido una interesante regulación interrelacionando fundamentalmente 3 normas:
- La ley 39/2015 del Procedimiento Administrativo Común de las Administraciones Públicas[45];
- La ley 40/2015 de régimen jurídico de la administración pública[46]; y
- El real decreto 203/2021,[47] de 30 de marzo, por el que se aprueba el Reglamento de actuación y funcionamiento del sector público por medios electrónicos que regula aspectos de detalle, entre otros los referidos a portales, autenticación, Interoperabilidad y notificaciones, entre muchas otras.

En el caso de Estonia la regulación básica está en la Haldusmenetluse seadus o Acta de Procedimiento Administrativo[48].

Tratándose de Singapur la regulación está en la Public Sector (Governance) Act ("PSGA")[49], de 2018, que establece un sistema consistente de una gobernanza y rendición de cuentas, clarificar la relación con las personas y entre los entes estatales, apoyar la prestación de servicios desde el sector público (art. 3).

Institucionalidad

La institucionalidad coordinadora a nivel nacional en Argentina está en la Subsecretaría de Modernización Administrativa dependiente del Gabinete de Ministros del Poder Ejecutivo de la Nación, y luego del 2018 con e incluso con la ley 27446 un Ministerio de Modernización. Adicionalmente se contempla un sistema de auditoría de "para evaluar la confiabilidad y calidad de los sistemas utilizados, la integridad, confidencialidad, confiabilidad y disponibilidad de los datos, así como también el cumplimiento de las especificaciones del manual de procedimientos y los planes de seguridad y de contingencia aprobados por el ente licenciante".

En España la institucionalidad está en varias entidades:

- el Ministerio de Asuntos Económicos y Transformación Digital[50], que tiene a su cargo la ciberseguridad, impulso de la digitalización, creación de cartas de derechos digitales, entre otras; y
- La Dirección General de Gobernanza Pública[51], dependiente del Ministerio de Hacienda y Administraciones Publicas, que tiene a su cargo las plataformas.

En Estonia se instauraron una serie de instituciones relacionadas al ámbito digital, las que derivaron desde el 2011 en la Autoridad de Sistemas de Información (en inglés Estonian Information System Authority[52] y en Estonio "Riigi Infosüsteemi Amet") que depende administrativamente del Ministerio de asuntos económicos y comunicaciones. Este ente coordina el desarrollo y la administración de sistemas de información que aseguren la interoperabilidad de los sistemas de información del Estado, organizar actividades relacionadas con la seguridad de información respecto de redes computacioanales para crear y defender la mejor sociedad digital del mundo[53].

Por su parte, la institucional digital de Singapur está en la Agencia Gubernamental de Tecnología (Government Technology Agency o GovTech[54]) que depende del Ministerio de Comunicaciones e Información[55].

Plataformas

Como señalé previamente Argentina implementó una serie de plataformas, de las que haré referencias a las que aparecen como principales

- Plataforma de Autenticación Electrónica Central – PAEC
- Plataforma de Trámites a Distancia;[56]
- Portal de Gestión Documental Electrónica (GDE)[57]. A la fecha de consulta (12-5-2021) habían más de 1095 millones de consultas y casi 30 millones de expedientes. Este portal tiene a su vez una serie de módulos que permiten la eficacia del mismo, por ejemplo un

a) escritorio único que permite transitar por todos los contenidos del sistema,

b) generador electrónico de documentos oficiales, de uso obligatorio,

c) legajo único electrónico,

d) Comunicaciones Oficiales (CCOO)

e) Expediente Electrónico (EE)

d) Registros Legajo Multipropósito (RLM)

e) Porta Firma (PF):

f) Sistema integrado de archivo (ARCH)

g) Locación de obras y servicios (LOYS) por contrataciones de funcionarios o servicios mediante estas formalidades.

h) Trámites a distancia (TAD)

i) Registro Integral de Destinatarios (RID)
j) Gestor de Asistencias y Transferencias (GAT).

En España se desarrolló un portal de las Administraciones Públicas[58], sin perjuicio de los temáticos, y sobre todo el Portal de Acceso General[59] que se creó para ser un "**punto de entrada general, vía Internet, del ciudadano a las Administraciones Públicas,** con el objetivo de dar una solución a la gran dispersión de la información de las Administraciones Públicas en distintos portales y páginas web, que provocaba dificultades en el acceso de los ciudadanos a los procedimientos y servicios administrativos, a informaciones duplicadas y a la falta de una coordinación adecuada."[60].

Por su parte, en Estonia se contempla un claro portal[61] y sencillo, lleno de información, pero una aún más completa y sencilla plataforma de servicios del estado[62], lleno de información. Desde la implementación el año 2001 el sistema X-road[63], se han ido progresivamente incorporando servicios, para actualmente realizarse mensualmente millones de comunicaciones entre los distintos entes públicos facilitando el acceso de las personas a los servicios estatales.

En el caso de Singapur la plataforma es la Govtech que tiene una serie de servicios disponibles[64], diferenciadas respecto de personas, empresas y servicios públicos, derivando a otros sitios estatales como data.gov.sg[65] u otros.

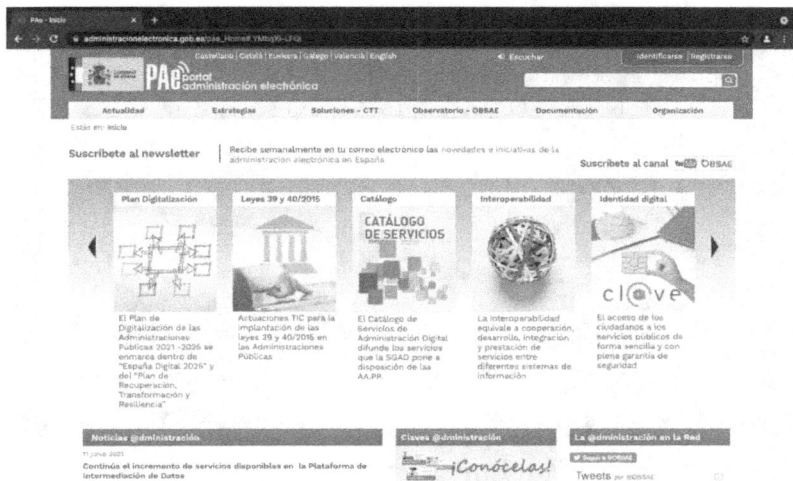

Domicilio Único

En Argentina se establece la posibilidad de fijar un domicilio electrónico, regulado en el Art. 75 del Código Civil y Comercial, aplicable en toda materia, incluida la procedimental administrativa.

Esto se plasma en Argentina en la plataforma de notificaciones del GDE ya referida.

En España respecto de las personas o entes que no estén obligados a relacionarse electrónicamente con el Estado podrán comparecer por medios electrónicos fijando una Dirección Electrónica Habilitada única (Dehú)[66].

Por su parte en Estonia el 99% de la población tiene la identificación digital para la tramitación electrónica, compuesta por además de la cédula de identidad inteligente, que permite realizar trámites online como votar, viajar por la Unión Europea, retirar medicamentos por recetas electrónicas, entre muchas otras. Sin embargo, se permite, pero no se obliga a fijar domicilio electrónico (Arts. 26 y 27).

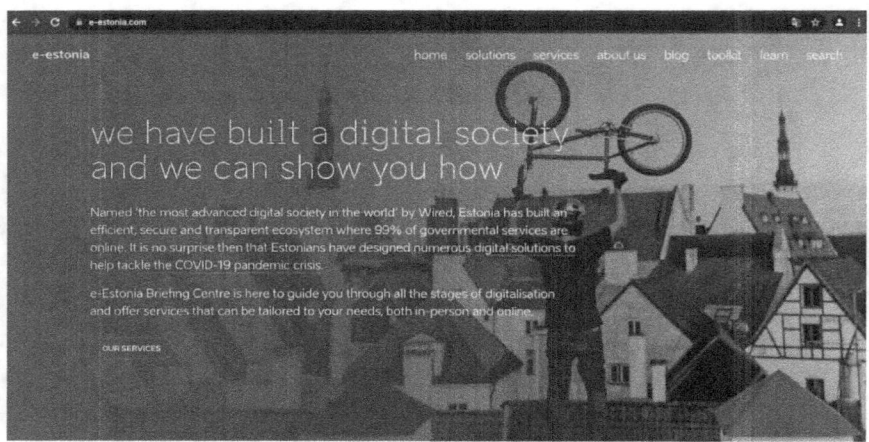

Obligatoriedad de tramitación electrónica

En Argentina es obligatoria la tramitación electrónica desde abril 2016[67].

En España actualmente (desde ley 39/2015) es obligatoria la relación de las personas interesadas con las Administraciones Públicas por medios electrónicos (Art. 41 RD 203/2021).

Por su parte en Estonia el 99% de la población tiene la identificación digital[68] para la tramitación electrónica, compuesta por además de la cédula de identidad inteligente, que permite realizar trámites online[69] como votar, viajar por la Unión Europea, retirar medicamentos por recetas electrónicas, entre muchas otras. Sin embargo, se permite, pero no se obliga a fijar domicilio electrónico (Arts. 26 y 27).

En Singapur se implementó la Singpass[70] que es una identificación digital que permite identificarse de forma segura en todos los servicios públicos y empresas, donde está reunida toda la información de las personas: familia, domicilio, propiedad de inmuebles o vehículos, educación, datos de contacto, además de remisión de comunicaciones del estado.

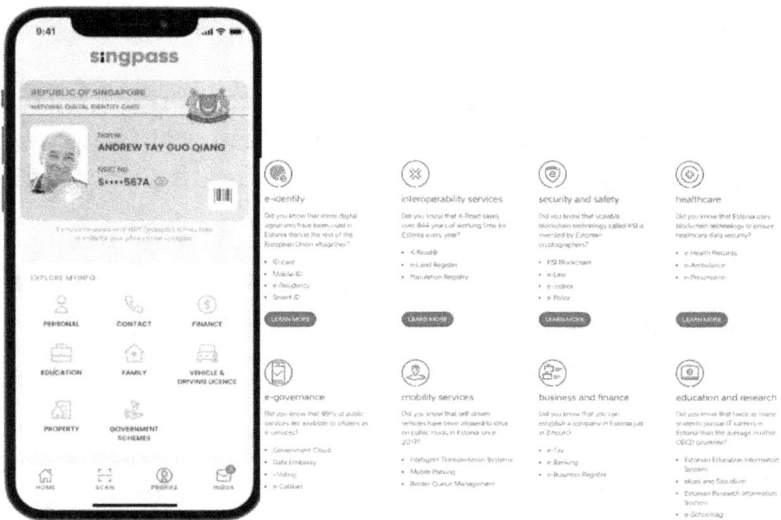

Obligatoriedad de tramitación electrónica

En Argentina es obligatoria la tramitación electrónica desde abril 2016[71].

En España actualmente (desde ley 39/2015) es obligatoria la relación de las personas interesadas con las Administraciones Públicas por medios electrónicos (Art. 41 RD 203/2021).

En Estonia se permite que el procedimiento administrativo será digital sólo si el interesado está de acuerdo así como el acto administrativo terminal (5 en relación al art. 55 Nº3).

Por su parte en Singapur, al estar el 99% de los trámites disponibles en línea en ello se de debe realizar el trámite en digital. Las estadísticas[72] indican que a comienzos del 2021 un 98% de la población tenía un celular smartphone y 90 % de uso de internet .

Normas Técnicas

Para la implementación del sistema ya indicado, en Argentina se implementaron progresivamente una serie de normas técnicas, por ejemplo de interoperabilidad (2018), expedientes, autenticación, entre muchas otras[73].

En España en varios artículos del RD 203/2021 se establecen las normas técnicas que se deberán dictar y son de obligatorio uso por los entes estatales, en la disposición adicional primera[74] de dicho decreto, que en resumen son:

-de Catálogo de estándares;

-de Documento electrónico;

-de Digitalización de documentos;

-de Expediente electrónico;

-de Política de firma electrónica y de certificados de la Administración;

-de Protocolos de intermediación de datos;

-de Relación de modelos de datos que tengan el carácter de comunes en la Administración y aquellos que se refieran a materias sujetas a intercambio de información con los ciudadanos y otras Administraciones;

-de Política de gestión de documentos electrónicos; de Requisitos de conexión a la Red de comunicaciones de las Administraciones Públicas españolas;

- de Procedimientos de copiado auténtico y conversión entre documentos electrónicos, así como desde papel u otros medios físicos a formatos electrónicos;
- de Modelo de Datos para el intercambio de asientos entre las Entidades Registrales;
- de Reutilización de recursos de información; de interoperabilidad de inventario y codificación de objetos administrativos;
- de Interoperabilidad de Transferencia e Ingreso de documentos y expedientes electrónicos;
- de Interoperabilidad de Valoración y Eliminación de documentos y expedientes electrónicos;
- de Interoperabilidad de preservación de documentación electrónic;
- de Interoperabilidad de tratamiento y preservación de bases de datos;
- de Interoperabilidad de Plan de Direccionamiento;
- de Interoperabilidad de reutilización de activos en modo producto y en modo servicio;
- de Interoperabilidad del modelo de datos y condiciones de interoperabilidad de los registros de funcionarios habilitados;
- de Interoperabilidad del modelo de datos y condiciones de interoperabilidad de los registros electrónicos de apoderamientos;
- de Interoperabilidad de Sistema de Referencia de documentos y repositorios de confianza;
- de Política de firma electrónica y de certificados en el ámbito estatal[75].

Por su parte, en Estonia las normas técnicas están entregadas a la RIA y son elaboradas por profesionales del área informática, siendo una multiplicidad[76], por ejemplo en seguridad de transacciones[77], o identificación[78]. La más reciente es la estrategia de ciberseguridad del año 2020[79].

"El estado del siglo 21 centrado en el ciudadano y una sociedad orientada al servicio requieren sistemas de información que funcionen como un todo integrado de apoyo a ciudadanos y organizaciones. Debe haber interoperabilidad entre las diferentes organizaciones y sistemas de información"[80].

En el caso de Singapur las normas técnicas están resumidas en el Digital Service Standards (DSS)[81], actualmente está vigenta la del año 2020, realizado para implementar la Digital Government Blueprint (DGB)[82] -plan de gobierno digital- también del 2020. La DSS considera por ejemplo facilitación de URLs (dirección de páginas de internet como por ejemplo www.amazon.com), firma digital, pagos digitales, disponibilidad, claridad de contenidos, aplicaciones multiplataforma, seguimiento, accesibilidad, entre muchas otras.

Este DGB considera la integración de servicios para cubrir las ncesidades de personas y empresas, reforzando la integración de políticas y tecnología, una reingeniería de la infraestructura de las TIC´s, operando sistemas confiables y seguros, incrementando capacidades de innovación y cocreando con personas y empresas la facilitación de la adopción de tecnologías.

Interoperabilidad

En Argentina el 2018 se implementaron Pautas Técnicas de interoperabilidad de la administración electrónica[83].

En España en la actualidad en el RD 203/2021 se establecen las normas técnicas ya indicadas para la interoperabilidad, las que previamente se habían venido sucediendo desde al menos el 2011 (reemplazada luego por una norma del 2016)[84].

Art. 27 Nº1 de la LPA de Estonia requiere que para que la persona haya pedido ser notificada en forma electrónica para aplicarla de esa forma. En los casos en que se requiera debe agregar un sello electrónico[85].

Por su parte en Singapur al interoperabilidad[86] es una parte esencial del sistema de gobierno digital, sobre todo considerando que se plantea para todo el estado (WOG o Whole of Government) y para entes público al concebirlo como una ciudad inteligente o smart city.

Identificación o autenticación

En el caso de Argentina actualmente se unificó el sistema de autenticación en los trámites administrativos mediante el sistema autenticar[87]. Se reguló originalmente el año 2016[88].

Por su parte en España se permite autenticarse en las sedes electrónicas de las entidades públicas de varias formas[89]:

1.- Con clave
- Con certificados electrónicos
- con clave sistema PIN24H[90] de la AEAT (Agencia Estatal de Administración Tributaria), para usuarios no habituales. Es "una forma de realizar trámites por Internet con una validez limitada en el tiempo y que se puede renovar cada vez que necesitemos. Este sistema de identificación electrónica está basado en el uso de un código elegido por el usuario y un PIN comunicado al teléfono

mediante la app Cl@ve PIN o con un mensaje SMS"[91];

- Cl@ve permanente, que es "Sistema de contraseña de validez duradera en el tiempo, pero no ilimitada, orientado a usuarios habituales. Se corresponde con el sistema de acceso mediante usuario y contraseña, reforzado con claves de un solo uso por SMS, a los servicios de Seguridad Social"[92];

2.- Con firma electrónica[93]:
- Con firma simple, con Cl@ve;
- Firma con certificado en equipo o navegador, que "Permite firmar mediante DNI electrónico o un certificado digital instalado en el dispositivo o navegador reconocido por cualquiera de las entidades certificadoras oficiales"; o
- Firma con certificado en la nube, que "Permite firmar mediante el certificado electrónico personal almacenado y custodiado en la nube por la Administración Pública".

En otras sedes electrónicas[94] se permite identificarse con el DNI (documento nacional de identidad) o certificado o DNI electrónico.

En el caso de Estonia se pueden identificar en el portal de servicios del estado mediante

1.- la tarjeta de identificación (ID card[95]) utilizada por el 99% de la población, que se inserta en un lector de tarjetas (con una encriptación de 384 bits ECC);

2.- Id móvil (Mobile ID[96]) que permite ocupar el teléfono móvil como una forma de identidad digital segura, que no requiere lector de tarjetas, donde las llaves privadas están guardadas en la SIM y utiliza una aplicacón para las funciones que requieren firma;

3.- ID inteligente (Smart-ID[97]) que es una aplicación móvil que funciona como identificación sin tarjeta SIM, pero que requiere acreditar identidad en línea, utilizada en transacciones digitales y contratos.

Desde 2018 se reconoce como QSCD (Qualified Signature Creation Device), el mayor nivel de reconocimiento digital en la Unión Euorpea con firma digital en los estados miembros.

4.- ID de ciudadanos de la Unión Europea.

En el caso de Singapur, como indiqué previamente, se realiza por la Singpass, instrumento de 2 formas de verificacion: ID más clave y clave de un solo uso (por sms) o por reconocimiento facial. En el caso de los extranjeros no residentes ellos deben utilizar una cuenta para extranjeros (Singpass Foreign user Account o SFA[98]) .

CAPÍTULO 5. CÓMO QUEDA EL PROCEDIMIENTO ADMINISTRATIVO CON LA TRANSFORMACIÓN DIGITAL?

"Si queremos que todo siga como está, necesitamos que todo cambie", El Gatopardo, Giuseppe Lampedusa.

Como quedó de manifiesto de la lectura del presente libro, se cambian una serie de circunstancias muy relevantes en los procedimientos administrativos, referidos en una primera mirada fundamentalmente al formato en que se sustanciará, pero de forma más profunda se cambian los paradigmas de seguridad para las interacciones entre las personas (expresión que prefiero utilizar en vez de la tradicional ciudadano) y el estado así como entre entes estatales con una mirada centrada en crear (restablecer) bases para la confianza.

En este capítulo abordaré la pregunta de ¿Cómo quedan en la ley de bases de los procedimientos administrativos los procedimientos, la prueba, recursos y ejecución?

Forma de inicio

De la revisión de la norma se constata que se mantienen las posibilidades de inicio de oficio o a petición de interesado.

1.1.- De Oficio, de propia iniciativa por el ente llamado a resolver . Es una manifestación del carácter servicial del Estado, ente jurídico que está al servicio de las personas.

Ella se materializa por medio de oficio de la autoridad competente donde se ordena o dispone instruir un procedimiento , o

1.2.- A petición de un interesado, un tercero, que puede ser:
- Un particular, persona natural o jurídica , u
- Otra administración pública .

Sin embargo, en una mirada sistémica conforme sobre todo a la interoperabilidad, debiera ser mucho más factible la acción conjunta, sistémica, como administración del estado, de parte de los entes estatales pues quedarán mucho más claras sus funciones, permitiendo identificar sus competencias y de exigir, tanto por las personas como por los otros entes, que cada uno se haga cargo de lo que corresponde a su entidad en miras a satisfacer las necesidades de la comunidad.

"Se concibe como una forma de simplificación del actuar administrativo, que se manifiesta con la ordenación de etapas procedimentales en miras a la dictación de un acto administrativo terminal".

Forma de desarrollo

El Art. 34 LPA regula los actos de instrucción, entiendo por tales "aquéllos necesarios para la determinación, conocimiento y comprobación de los datos en virtud de los cuales deba pronunciarse el acto."

Dispone que se "realizarán de oficio por el órgano que tramite el procedimiento, sin perjuicio del derecho de los interesados a proponer aquellas actuaciones que requieran su intervención, o constituyan trámites legal o reglamentariamente establecidos."

El Art. 35 inciso 2º LPA establece:

- La necesidad de probar "Los hechos relevantes para la decisión de un procedimiento, podrán acreditarse por cualquier medio de prueba admisible en derecho"
- La forma de valoración: Se debe apreciar en conciencia.

Recibir un expediente a prueba implica iniciar una fase o audiencia en la cual se ofrecerán, producirán y controlarán las pruebas que se estime necesarias. Ello está contemplado en el LPA Art. 35 inciso 2º.

Cabe preguntarse si la apertura del expediente a prueba es una facultad discrecional, pudiendo decretarla cuando la autoridad lo estime pertinente, o se trata de a una norma imperativa cuando se presentan discrepancias respecto al sustento fáctico de la situación que se pide resolver.

La circunstancia de que el ente instructor "no tenga por ciertos los hechos alegados por los interesados" puede configurarse en los siguientes casos:

1.- Si la Administración carece de la información por no encontrarse en sus bases de datos;

2.- Por no ser hechos públicos, notorios, evidentes o axiomáticos ; o

3.- Por no estimar suficiente la información proporcionada ni los documentos acompañados en la presentación inicial. Cuando se emplea la expresión "podrá" en una interpretación literal se entiende que se faculta discrecionalmente al ente para disponerlo o no; en cambio, al señalar que "acordará" se está imponiendo al instructor del procedimiento la obligación de ordenar la apertura de un período de prueba al reunirse alguno de los supuestos que indica.

Medios de prueba

Se pueden acreditar los hechos que configuran el supuesto contemplado en la norma administrativa por todos los medios de prueba establecidos en el derecho.

Por su parte la LPA regula básicamente los Informes, que paso a analizar.

Este medio de prueba procede:

- Cuando alguna disposición legal lo requiera expresamente (Por ejemplo en el caso de Chile: Ley 19925 Arts. 4 inciso 2º, 7 inciso 2º, 8 inciso 3º informes para otorgar, mantener patentes de alcoholes y fijar lugares donde se pueden otorgar; LOCM Arts. 21 letra e) informe para establecer bases de licitación; Ley General de Urbanismo y Construcciones Art. 90, informe de la Dirección de Obras Municipales para poder vender inmuebles municipales a vecinos), y

- En los casos en que el funcionario sustanciador lo juzgue necesario para resolver, sea de oficio o a petición de parte.

C.- Requisitos para decretar este medio de prueba.

Como se va a imponer una carga no usual a otro ente administrativo o particular, es que se ha restringido la adopción de este medio. Al efecto, cuando la Administración lo decrete debe señalar expresamente:

- "el precepto que los exija o fundamentando, en su caso, la conveniencia de requerirlos" (art. 37 LPA), pues el Estado debe obrar respetando los principios de eficiencia y eficacia, además de la motivación; y

- Qué es lo que se pide concretamente (por ejemplo Art. 38 inciso 2º LPA).

D.- Omisión o retardo en la emisión del informe.

Puede ocurrir que una vez decretada y notificada la necesidad de emisión de un informe, éste no se confeccione o se retarde su envío al ente sustanciador.

A fin de determinar las consecuencias de estas situaciones, es necesario distinguir a quien se solicitó su emisión.

i.- Si se debía emitir por un órgano de la Administración distinto del que tramita el procedimiento, en orden a expresar el punto de vista correspondiente a sus competencias respectivas y transcurriera el plazo sin que aquél se hubiera evacuado, la regla general es que las leyes establecen que se pueden válidamente proseguir las actuaciones (art. 38 inciso 2º LPA)

Excepcionalmente algunas normas pueden establecer la posibilidad de interrumpir o prorrogar los plazos por el carácter preceptivo u obligatorio del informe, entendiendo por tales los que sean determinantes para resolver el procedimiento.

ii.- Si los debía emitir el ente sustanciador, como regla general en ese caso se puede proseguir con los trámites,:

- Algunas normas facultan para no considerarlo si llega una vez concluida la fase de prueba;

- En otras legislaciones, se suspenden algunos aspectos de plazo hasta que lleguen al ente requerido las informaciones para emitir el informe.

Sin perjuicio de ello, y por el control jerárquico, se debiera iniciar un procedimiento disciplinario respecto del funcionario que omitió o retardó la emisión del informe, por incumplimiento de deberes relacionados con el buen servicio (eficiencia y eficacia) y, por consiguiente afectan la probidad Art. 62 N°8 Ley 18575.

E.- Producción

i.- Iniciativa: Los informes se pueden pedir por los interesados o ser decretados de oficio por el ente sustanciador.

En ambos casos se debe remitir una carta, memorándum, o documento (generalmente denominado "ordinario" u "oficio") en que se requiere la emisión del informe, especifica las materias a que se debe referir.

ii.- Plazo: En el oficio en que se solicita el informe se suele señalar el plazo para la remisión del mismo.

En caso de demora se puede pedir cuenta, de oficio o a petición de parte, al ente a quien se solicitó el informe a fin de que se remita a la brevedad.

iii.- Producción misma: En cuanto a la forma de cumplimiento ella se materializa en el acompañamiento material o virtual del informe, o indicando que se encuentra fuera de la competencia del ente. En ese caso, en virtud del principio de celeridad, el ente requerido debe remitir de oficio al ente que se estima competente o, al menos, indicarlo en el oficio en que conteste.

En algunas leyes procesales se faculta para responder por el medio más rápido posible (Art. 81 CPP[99]), aunque sin limitarlo, por lo que podría realizarse por ejemplo: por correo electrónico, por fax, por teléfono, por radio (otrora por telegrama), etcétera.

Sin perjuicio del formato en que se remita el informe, debe dejarse constancia en el expediente.

F.- Control

Los interesados deben tener la posibilidad de controlar la veracidad, idoneidad técnica, oportunidad e integridad de la información que se aporte en el informe.

Este control debe manifestarse mediante la posibilidad de:
- Producir contraprueba;
- Solicitar la complementación del informe;
- Pedir se aclaren puntos poco claros, confusos o contradicciones.

G.- Valor de los informes

Los informes pueden ser o no vinculantes u obligatorios para el ente administrativo que debe resolver el procedimiento.

En general, las normas analizadas optan por la no vinculación de ellos (37 y 38 LPA), salvo disposición legal en contrario.

La Corte Suprema señaló en la sentencia rol 2318-2007 una serie de consideraciones relativas al valor de los informes:
- A los informes técnicos y resoluciones administrativas se

otorga el valor de instrumento público, aun implícitamente;
- Ello conlleva a que den fe de su otorgamiento y fecha;
- Por lo mismo, no se hace fe en lo concerniente a la verdad de las declaraciones, pues produce plena prueba contra los declarantes en cuanto al contenido del informe.

Por su parte, el art. 37 bis LPA, establecida por la ley 21.000 de 2007, establece:

1.- Un deber de trabajo sistémico: En el inciso 1º se establece un deber de colaboración y trabajo sistémico al requerir que "Cuando un órgano de la Administración del Estado deba evacuar un acto administrativo de carácter general que tenga claros efectos en los ámbitos de competencia de otro órgano, le remitirá todos los antecedentes y requerirá de éste un informe para efectos de evitar o precaver conflictos de normas, con el objeto de resguardar la coordinación, cooperación y colaboración entre los órganos involucrados en su dictación."

2.- Un deber de respuesta de requerimientos: En el inciso 2º se establece que existe un deber del ente requerido de evacuar el informe dentro de 30 días corridos (esto es considerando feriados, fines de semana y no sólo los días hábiles), el que se comienza a contabilizar desde que se recibe el requerimiento (lo que en conforme al texto de la 21.180 será por medio de plataformas).

3.- Valor del informe: En el mismo inciso 2º requiere que el informe del ente requerido sea valorado en conciencia (la referencia al Art. 41 LPA) motivando el acto administrativo.

4.- Omisión de informe: Si se omitiera la emisión del informe por el ente requerido dentro del plazo, el órgano público requirente puede proseguir la tramitación del procedimiento (art. 37 bis inciso 2º en relación al art. 38).

5.- Formalidades, valor y tramitación: Aunque no era necesario, el inciso 3º establece que tanto el requerimiento como el informe que se emita se aplican a este efecto los arts. 37 y 38.

6.- Urgencia: En el inciso 4º se exceptúan casos en que se disponga la aplicación inmediata o en el más breve plazo posible, por su naturaleza y urgencia, debidamente justificada, de lo que se debe dejar constancia en el texto.

7.- Sistematicidad permanente: En el inciso final se establece que el ente administrativo que emita el acto administrativo, una vez que lo dicte debe remitir a los demás órganos estatales competentes todos los antecedentes tenidos a la vista (creo que sería más eficaz hablar de el expediente administrativo, salvo temáticas en reserva)y pedirles – requerirles – un informe para cumplir con los objetivos de evitar o precaver conflictos de normas, con el objeto de resguardar la coordinación, cooperación y colaboración entre entes estatales en la aplicación del acto administrativo respectivo.

Recursos

Se mantienen los recursos de
-reposición (ante el mismo ente),
-jerárquico (en subsidio del de reposición y para ante el superior) y de
- revisión (por vicios de emplazamiento, manifiesto error de hecho, pruebas declaradas judicialmente obtenidas por prevaricación, cohecho, violencia u otra maquinación fraudulenta, o afectación esencial documentos o testimonios declarados falsos por sentencia ejecutoriada posterior a aquella resolución, o que siendo anterior, no hubiese sido conocida oportunamente por el interesado). Arts. 59 a 60.

Se conserva también la revisión de oficio y la invalidación (arts. 53 y 61 LPA respectivamente).

Ejecución

Se mantiene en los arts. 50 y 51 LPA referentes a la ejecución respecto de que:

1.- Título: se requiere para actuar materialmente un título fundado tanto en los hechos como en el derecho, respecto de la procedencia de la aplicación en el caso concreto de la norma administrativa;

2.- Emplazamiento: Si se dispone la ejecución debe emplazarse al afectado -interesado de la actuación que autorice la actuación;

3.- Oportunidad: Los actos administrativos causan ejecutividad de inmediato, salvo norma en contratrio o que requieran aprobación o autorización de superiores.

En el caso de los decretos y las resoluciones, ellas producirán efectos jurídicos desde que se notifiquen al interesado-afectado o publicación, según sean de contenido individual o general.

CAPÍTULO 6. ¿QUÉ VIENE DESPUÉS?

"La mejor forma de predecir el futuro es crearlo",
Dennis Gabor[100].

Estamos sin ludar a dudas en tiempos de cambio cada vez más rápidos, apresurados tanto por la velocidad de innovación en software y hardware así como, fundamentalmente por el encierro primero por la crisis social detonada en 2019 y luego por el Covid 19 que nos ha obligado tanto en el ámbito privado como público a adecuarnos a realizar trámites en línea así como a teletrabajar.

Por ello, tras la ley 21180 y sus regulaciones complementarias surge la pregunta de ¿Qué viene después?.

Para responderla desarrollaré algunas ideas sobre qué es lo que debiera sobrevenir en los tiempos futuros.

Expectativas

Claramente de una lectura de buena fe y en una perspectiva ciudadana, la ley 21180 implica una promesa de grandes cambios estructurales de los paradigmas desde donde se han construido las relaciones entre las personas y el Estado.

> *"La reforma de la Administración parte ... de la necesidad de mejorar su eficiencia ... Entraña una Administración basada en los conceptos de transparencia, accesibilidad y capacidad de respuesta a las nuevas ideas y demandas de los ciudadanos. Una Administración al servicio de los ciudadanos. En definitiva, no sólo se trata de mejorar la eficiencia sino también de cambiar el enfoque de la Administración ... no sólo se persigue hacer lo mismo a través de internet, sino también usar Internet para hacer cosas nuevas"* [101].

Desafíos

Las administraciones del estado, utilizando la nomenclatura española - en el entendido que si bien es una sola hay varias con personalidad jurídica y patrimonio propios, en particular las municipalidades-, tienen el gran desafío de actuar como un todo para satisfacer sistémica, ya no sólo en sus respectivas parcelas de competencia, de las necesidades de las personas en tiempos complejos y cambiantes. En este punto es importante traer a colación la concepción del mundo anglosajón, que referimos a propósito de la normativa de Singapur, de que para que sea eficaz la administración electrónica debe necesariamente abarcar toda la administración whole-of-government (WOG).

Aspectos indispensables para el futuro (presente - implementación)

De la lectura de la normativa "nueva" (de 2019) queda claro que es necesario tener presente una serie de aspectos para la adecuada implementación de la transformación digital del Estado de Chile:

1.- **_Capacitación_** permanente a los (as) funcionarios (as), creando planes al efecto, con objetivos claros y diferenciados por los tipos de usuarios internos;

2.- **_Facilitación_** progresiva y constante de la utilización de los medios digitales a los usuarios, tanto en lo idiomático, respetando las diversas lenguas relevantes:

- la de general aplicación u oficial, castellano (también conocido como "español", a pesar de que en dicho país se hablan también catalán, galego y euzkera al menos);

- las originarias: al menos mapuzungun, kunza, rapanui;

- las nuevas de población migrante, particularmente kreolé;

- las indispensables en el mundo actual: el tradicional inglés, el regional portugués brasileiro, y el nuevo gran actor mundial, el chino mandarín.

3.- **_Coordinación_** entre los diversos entes de la Administración del Estado para la implementación y, sobre todo, interoperabilidad, así como para acercar el Estado a las personas, a fin de que por ejemplo una persona que habite en una comunidad cordillerana, que no hable castellano, pueda desarrollar en una posta o escuela rural en su lengua todos los trámites del Estado sin mayor dificultad, sin necesidad de viajar a la capital comunal, provincial, regional o nacional.

4.- **_Buena fe_** tanto de las administraciones públicas al permitir, independiente de las opciones políticas, sociales, culturales, religiosas, económicas así como toda otra, del uso de las soluciones digitales. En el caso de muchos entes públicos, sobre todos los que cobran por sus servicios, será indispensable que no existan trabas burocráticas y/o presupuestarias para compartir información con otros entes públicos que conozcan procedimientos administrativos o trámites. Considera también que se respeten los perfiles de cargo de personas que participen en las gestiones.

Dentro de la facilitación es indispensable que todas las opciones tecnológicas permitan el 100% de las interacciones con el Estado por medio de celulares, lo que ha demostrado ser muy práctico como vimos en el caso Singapur con el Singpass. También de parte de las personas para utilizar adecuadamente los procedimientos, participando en las inducciones que se realicen o que estén disponibles on line.

5.- **_Autenticación_** de alta seguridad. De la revisión de las normativas comparadas y, en particular de la evolución en España y Singapur, se puede destacar que es fundamental implementar mecanismos que brinden seguridad de que sea inquebrantable. Los principales ejemplos los tendríamos en la identificación digital en Estonia y Singapur sea con aplicaciones de celular o con lectores de tarjetas digitales.

6.- **_Seguridad_** en los sistemas y procedimientos: por ejemplo con estándares de blockchain o similares que permitan identificar las personas que los tramiten, las fechas de su participación, la veracidad de su contenido, fundamentalmente, como dan cuenta los requerimientos respecto de las normas técnicas que se precisan en el reglamento.

Webminars de transformación digital en Chile

https://www.youtube.com/watch?v=gch-woeBjD0 Coloquio Transformación Pública: Miguel Ángel Porrúa (BID), 9 abril 2021, por José Inostroza.

https://www.youtube.com/watch?v=BJVIOlfsa1I Primer Coloquio: TRANSFORMACIÓN DIGITAL DEL ESTADO: ¿Realidades o Promesas?, emitido el 5 de enero de 2021, por ICARE

https://www.youtube.com/watch?v=X-ei8fAFHk8&list=LL&index=20 Ciclo de charlas de Transformación Digital, 12 noviembre 2020, por la Pontificia Universidad Católica de Chile

https://www.youtube.com/watch?v=z62QGz_3Q_Y Seminario: Transformación digital de la Administración del Estado, 9 de julio de 2020, por la Facultad y Escuela de Derecho de la Pontificia Universidad Católica de Valparaíso.

https://www.youtube.com/watch?v=d52PIe4sJEE Coloquio Transformación Pública: Análisis Ley de Transformación Digital, 21.180, 3 de julio de 2020 , por José Inostroza.

https://www.youtube.com/watch?v=R6PXZA4HE6Y Cuarto Coloquio de Transformación Digital: El caso del Poder Judicial de Chile, 29 de mayo de 2020, por José Inostroza.

https://www.youtube.com/watch?v=rZJIHGFZKyk Coloquio de Transformación Digital, el caso de la Superintendencia de Seguridad Social, 8 de mayo de 2020, por José Inostroza.

https://www.youtube.com/watch?v=DfMIAA19irc El paso a paso de DocDigital, la nueva plataforma de comunicaciones oficiales del Estado, 31 de mayo de 2019, por la División de Gobierno Digital.

BIBLIOGRAFÍA

ALVARADO VELLOSO, ADOLFO, Introducción al estudio de derecho procesal, Rubinzal Culzoni, Santa Fe, Argentina, 1997.

CASSAGNE, JUAN CARLOS, Los grandes principios de derecho público, Temis, Bogotá, 2019.

GAIDO, RICARDO, La administración electrónica. Un desafío del derecho a la participación ciudadana, en AIS, ARS IURIS SALMANTICENSIS, Vol. 8 Nº2, Salamanca, España, 2020.

HUTCHINSON, TOMÁS, Derecho Procesal Administrativo, Santa Fe, Argentina, 2008.

Mallar, Miguel Ángel, LA GESTIÓN POR PROCESOS: UN ENFOQUE DE GESTIÓN EFICIENTE, en "Visión de Futuro" Año 7, N 1 Volumen Nº13, Enero - Junio 2010

MENDOZA NAVARRO, AIDA, El e-expediente, disponible en http://www.interpares.org/display_file.cfm?doc=ip1-2-3_mexico_dissemination_janr_navarro_rgpd_2_2008.pdf

MINISTERIO DE HACIENDA Y ADMINISTRACIONES PÚBLICAS, Reforma de las Administraciones Públicas, Madrid, España, 2013.

POBLETE VINAIXA, JULIA, Ley de bases y Estatuto Administrativo, Librotecnia, Santiago, Chile, 2ª edición, 2019.

REYES POBLETE, Miguel Ángel, Medios de prueba en los procedimientos administrativos, Librotecnia, Santiago, Chile, 2015.

RIVERA CORTÉS, LUZ AMPARO, Procedimiento administrativo electrónico, tesis, Universidad Nacional del Rosario, Bogotá, Colombia, 2011.

SUSSKIND, RICHARD, Online courts and future of justice, Oxford University Press, Oxford, Reino Unido, 2019.

TRIVELLI GONZÁLEZ, M. (2004). El Principio de Neutralidad Tecnológica en la Ley N° 19.799. Revista Chilena de Derecho Informático, (4). doi:10.5354/0717-9162.2011.10675

[1] Trivelli González, M. (2004). El Principio de Neutralidad Tecnológica en la Ley N° 19.799. *Revista Chilena de Derecho Informático*, (4). doi:10.5354/0717-9162.2011.10675

[2] Por ejemplo respecto del carácter híbrido de las bibliotecas tanto universitarias como públicas https://www.latercera.com/laboratoriodecontenidos/noticia/las-bibliotecas-hibridas-del-siglo-xxi-como-la-pandemia-acelero-su-digitalizacion-y-optimizacion-del-tiempo/GMZXZUI2J5H4NO24FDGMF2LQOE/

[3] http://www.oecd.org/gov/digital-government/digital-government-index-2019-highlights-es.pdf

[4] https://www.contraloria.cl/web/cgr/tramitacion-de-reglamentos donde consta que el reglamento se envió en enero de 2021. También se puede consultar en http://sistemas.contraloria.cl/portalweb/es/web/cgr/tramitacion-de-reglamentos

[5] https://www.bcn.cl/leychile/navegar?idNorma=1156922

[6] http://www.oecd.org/gov/digital-government/digital-government-index-2019-highlights-es.pdf página 4

[7] POBLETE VINAIXA, JULIA, Ley de bases y Estatuto Administrativo, Librotecnia, Santiago, Chile, 2ª edición, 2019.

[8] https://www.tech.gov.sg/digital-government-blueprint/

[9] En un artículo el Diario "El País" https://elpais.com/elpais/2015/04/06/ciencia/1428317033_405833.html se sostiene que otras personas podrían ser las autoras de esta famosa frase.

[10] En rigor el primer cambio sería la discusión que se podría plantear respecto de la supletoriedad al eliminar del Art. 1º inciso 1º de la ley 19880 la fase "En caso de que la ley establezca procedimientos administrativos especiales, la presente ley se aplicará con carácter de supletoria.".

[11] Previamente la ley 19799 (del año 2002) contemplaba "Artículo 3º.- Los actos y contratos otorgados o celebrados por personas naturales o jurídicas, suscritos por medio de firma electrónica, serán válidos de la misma manera y producirán los mismos efectos que los celebrados por escrito y en soporte de papel." Para luego indicar excepciones y en el inciso final señalar que se mirará como la plasmada en papel, salvo las excepciones legales.

[12] Opté por utilizar esta denominación española en vez de la chilena "Administración Pública" al entender que sin perjuicio de estar en un país unitario, respecto de la gran mayoría de los entes administrativos y los más cercanos a las personas (las municipalidades) son diversas al Estado central y merecen tal reconocimiento también en lo normativo y verbal.

[13] Ley 19799, ARt. 3: f) Firma electrónica: cualquier sonido, símbolo o proceso electrónico, que permite al receptor de un documento electrónico identificar al menos formalmente a su autor;

g) Firma electrónica avanzada: aquella certificada por un prestador acreditado, que ha sido creada usando medios que el titular mantiene bajo su exclusivo control, de manera que se vincule únicamente al mismo y a los datos a los que se refiere, permitiendo la detección posterior de cualquier modificación, verificando la identidad del titular e impidiendo que desconozca la integridad del documento y su autoría,"

[14] Cabe señalar que el Auto Acordado de la Corte Suprema de 10-11-2006 sobre uso de firma digital por Notarios, Conservadores y Archiveros Judiciales permite la posibilidad de que se puede suscribir una escritura pública por medio de firma digital avanzada, así como también el notario (ministro de fe o fedatario, en otros países denominado escribano) puede , sea que se firme en papel o en digital por las partes, entregar copia autorizada con firma digital avanzada, Arts CUARTO Y QUINTO fundamentalmente .

[15] Según fuentes oficiales al 2019 habían alrededor de 1,5 millones de extranjeros residentes en Chile, sobre una población de alrededor de 18 millones de habitantes (https://www.extranjeria.gob.cl/estadisticas-migratorias/) < otras fuentes https://legalglobal.cl/extranjeros-en-chile/ >

[16] https://www.sii.cl/portales/reforma_tributaria/see_016.html

[17] https://www.bcn.cl/leychile/navegar?idNorma=1067194

[18] art. 57 Nº3 Reglamento: "establecerá, a lo menos, los estándares, formatos, metadatos, registros de trazabilidad y procesos que deberán cumplir los órganos de la Administración del Estado para administrar los documentos y expedients que obren en su poder."

[19] Imagen obtenida desde manual en URL https://www.sii.cl/normativa_legislacion/resoluciones/2020/reso101_anexo3.pdf . En una versión previa se aprecia que es más extenso o menos resumida la ofertad de servicios https://www.sii.cl/documentos/resoluciones/2017/reso40_anexo4.pdf

[20] art. 57 Nº3 Reglamento: "establecerá, a lo menos, los estándares, formatos, metadatos, registros de trazabilidad y procesos que deberán cumplir los órganos de la Administración del Estado para administrar los documentos y expedients que obren en su poder."

[21] Artículo 13.- Corresponderá a las Comisiones de Medicina Preventiva e Invalidez (COMPIN), dependientes del Ministerio de Salud y a las instituciones públicas o privadas, reconocidas para estos efectos por ese Ministerio, calificar la discapacidad.
El proceso de calificación de la discapacidad asegurará una atención interdisciplinaria a cada persona que requiera ser calificada.
Para los efectos de esta ley, las comisiones de medicina preventiva e invalidez se integrarán, además, por un sicólogo, un fonoaudiólogo, un asistente social, y un educador especial o diferencial, un kinesiólogo o un terapeuta ocupacional, según el caso. Asimismo, cuando fuere pertinente, se integrarán uno o más especialistas, de acuerdo a la naturaleza de la discapacidad y a las circunstancias particulares de las personas someti-

das a ellas.
La certificación de la discapacidad sólo será de competencia de las comisiones de medicina preventiva e invalidez.
La calificación y certificación de la discapacidad podrá efectuarse a petición del interesado, de las personas que lo representen, o de las personas o entidades que lo tengan a su cargo.

[22] https://www.bcn.cl/leychile/navegar?idNorma=30221

[23] MENDOZA NAVARRO, AIDA, El e-expediente, lo define como "el conjunto de documentos electrónicos sobre un determinado asunto ordenados secuencialmente, cuya gestión desde su creación, tratamiento archivístico comprende la aplicación de los procesos técnicos archivísticos de organización, descripción y valoración, conservación y servicio se ejecuta íntegramente mediante la aplicación de la tecnología informática"

[24] Este es un ejemplo del Portal de Transparencia, una iniciativa de participación voluntaria, disponible en www.portaltransparencia.cl

[25] https://fias.nalog.ru/FiasInfo

[26] https://www.ghanapostgps.com

[27] https://www4.sii.cl/mapasui/internet/

[28] https://www.correos.cl/web/guest/home

[29] En ese mismo orden de ideas la ley 21327 de 30 de abril de 2021 incorporó, en lo pertinente los arts. 514 y 515 que establecen que cada empleador debe señalar un correo electrónico para efectos de las comunicaciones de la Dirección del Trabajo y que dicha entidad establecerá una plataforma para denuncias, fiscalizaciones y otros trámites.

[30] En ese sentido por ejemplo dictamen de Contraloría General de la República, vinculante para los entes administrativos, Nº24239-2018 https://www.contraloria.cl/pdfbuscador/dictamenes/024239N18/html

[31] En sentido contrario, en varias sentencias judiciales, en Chile sólo vinculantes respecto de las partes, se ha resuelto que no basta el envío sino la posibilidad de recepción, lo que no ocurriría por ejemplo si la carta fue devuelta (rit T-76-2016 Juzgado del Trabajo de Rancagua, ratificado por la Iltma. Corte de Apelaciones; o rol 10993-2020 de la Iltma. Corte de Apelaciones de Concepción)

[32] Tesis "Procedimiento administrativo electrónico", Luz Amparo Rivera Cortés, Universidad Nacional del Rosario, Bogotá, Colombia, 2011.

[33] Por ejemplo, no estaría en una base de datos una ficha clínica institucional

[34] https://dpej.rae.es/

[35] Conforme al Diccionario panhispánico del español (castellano) jurídico es "Descripción estandarizada de las características de un conjunto de datos. En el contexto del documento electrónico, cualquier tipo de información en forma electrónica asociada a los documentos electrónicos, de carácter instrumental e independiente de su contenido, destinada al conocimiento inmediato y automatizable de alguna de sus características, con la finalidad de garantizar la disponibilidad, el acceso , la conservación y la interoperabilidad del propio documento" Del art. 2.2.j del Real Decreto 1708-2011 de 18 de noviembre.

[36] Se ha entendido por tal "La resiliencia tecnológica es un conjunto de prácticas y perspectivas que mitigan el riesgo dentro de los procesos para proteger a las organizaciones de su propia tecnología y a las personas que intenten explotarla. Lo que incluye todas las formas de ciberataques, pero también aplica en errores de proceso dentro de los negocios que ponen datos y recursos en peligro sin ninguna ayuda externa." https://www.menta.com.mx/blog/post/beneficia-a-tu-negocio-con-la-resiliencia-tecnologica#:~:text=La%20resiliencia%20tecnol%C3%B3gica%20es%20un%20conjunto%20de%20pr%C3%A1cticas,tecnolog%C3%ADa%20y%20a%20las%20personas%20que%20intenten%20explotarla. A mayor abundamiento ver investigación de Lino García y Victoria Gutiérrez en https://digitum.um.es/digitum/bitstream/10201/43117/1/219241-775131-2-PB.pdf que lo conciben como "un retorno a un desarrollo y consumo responsable y sostenible de la tecnología".

[37] Explicación e historia disponible en https://www.phrases.org.uk/meanings/the-devil-is-in-the-details.html

[38] https://www.bcn.cl/leychile/navegar?idNorma=1157806

[39] Mallar, Miguel Ángel, LA GESTIÓN POR PROCESOS: UN ENFOQUE DE GESTIÓN EFICIENTE, en "Visión de Futuro" Año 7, N 1 Volumen Nº13, Enero - Junio 2010

[40] https://www.bcn.cl/leychile/navegar?idNorma=1154965

[41] Regulado en el DS 18 de 12 de enero de 1973, disponible en https://www.bcn.cl/leychile/navegar?idNorma=257039

[42] http://bibliotecadigital.econ.uba.ar/download/legislacion/Ley_027446_2018.pdf

[43] http://servicios.infoleg.gob.ar/infolegInternet/anexos/70000-74999/70749/texact.htm

[44] https://www.argentina.gob.ar/jefatura/innovacion-publica/administrativa/gde/normativa

[45] https://www.boe.es/buscar/pdf/2015/BOE-A-2015-10565-consolidado.pdf

[46] https://www.boe.es/buscar/act.php?id=BOE-A-2015-10566

[47] https://www.boe.es/buscar/doc.php?id=BOE-A-2021-5032

[48] Haldusmenetluse seadus o Acta de Procedimiento Administrativo.

[49] https://sso.agc.gov.sg/Act/PSGA2018

[50] https://sede.mineco.gob.es

[51] https://www.mptfp.gob.es/portal/ministerio/organigrama_organos/

SEPTyFP/SGeneral_Funcion_Publica/DG_Gobernanza.html

[52] https://www.ria.ee/en.html

[53] https://www.ria.ee/en/information-system-authority/introduction-and-structure.html

[54] https://www.tech.gov.sg

[55] https://www.mci.gov.sg

[56] https://tramitesadistancia.gob.ar/

[57] https://cas.gde.gob.ar/acceso/login/?generateToken=true&generateIDP=true&

[58] https://administracionelectronica.gob.es/pae_Home#.YMbqXi-LFQI

[59] https://administracion.gob.es

[60] https://administracion.gob.es/pag_Home/atencionCiudadana/Quienes-somos.html

[61] https://e-estonia.com

[62] https://www.eesti.ee/en/

[63] https://e-estonia.com/solutions/interoperability-services/x-road/

[64] https://www.tech.gov.sg/products-and-services/?utm_source=hero_banner

[65] https://data.gov.sg

[66] https://dehu.redsara.es

[67] https://leyesargentinas.com/norma/260766/resolucion-65-ministerio-de-modernizacion-modulos-sistema-de-gestion-documental-electronica-obligatoriedad

[68] https://e-estonia.com/solutions/e-identity/

[69] https://www.id.ee/en/

[70] https://www.singpass.gov.sg/main

[71] https://leyesargentinas.com/norma/260766/resolucion-65-ministerio-de-modernizacion-modulos-sistema-de-gestion-documental-electronica-obligatoriedad

[72] https://datareportal.com/reports/digital-2021-singapore

[73] http://www.infoleg.gob.ar/?page_id=149

[74] https://www.boe.es/buscar/doc.php?id=BOE-A-2021-5032

[75] https://administracionelectronica.gob.es/pae_Home/pae_Estrategias/

pae_Interoperabilidad_Inicio/
pae_Normas_tecnicas_de_interoperabilidad.html#.YNlZCS-LFQJ

[76] https://www.ria.ee/en/information-system-authority/publications.html

[77] https://www.ria.ee/en/state-information-system/trust-services.html

[78] https://www.ria.ee/en/state-information-system/eid/partners.html#tara

[79] https://www.ria.ee/sites/default/files/content-editors/RIA/cyber_security_in_estonia_2020_0.pdf

[80] https://e-estonia.com/solutions/interoperability-services/x-road/

[81] https://www.tech.gov.sg/files/digital-transformation/DSS%20for%20Public%202020.pdf

[82] https://www.tech.gov.sg/files/media/corporate-publications/dgb-public-document_30dec20.pdf

[83] https://www.argentina.gob.ar/sites/default/files/onti/onti/res_19_2018_anexo_ii_if_2018_09344892_apn_ssga_mm.pdf

[84] https://www.boe.es/buscar/act.php?id=BOE-A-2016-10146

[85] § 27. Delivery by electronic means
(1) Upon delivery of a document by electronic means, the document shall be sent to the e-mail address indicated by the applicant in the application. A digital signature and, if necessary, a digital seal shall be added to the document.[RT I 2009, 1, 3 - entry into force 12.01.2009]
(2) A document shall be delivered to a person by electronic means if the person agrees thereto.[RT I 2002, 61, 375 - entry into force 01.08.2002]

[86] https://www.tech.gov.sg/files/media/corporate-publications/dgb-public-document_30dec20.pdf

[87] https://www.argentina.gob.ar/jefatura/innovacion-publica/administrativa/autenticar

[88] http://servicios.infoleg.gob.ar/infolegInternet/anexos/265000-269999/269110/norma.htm

[89] https://sede.administracionespublicas.gob.es/login/index/language/es_ES

[90] https://clave.gob.es/clave_Home/PIN24H.html

[91] https://clave.gob.es/clave_Home/PIN24H/Que-es.html

[92] https://clave.gob.es/clave_Home/dnin/queEs.html

[93] https://sede.administracionespublicas.gob.es/login/index/language/es_ES

[94] https://www2.agenciatributaria.gob.es/wlpl/BUCV-JDIT/

AutenticaDniNieContrasteh?ref=%2Fwlpl%2FOVCT-CXEW%2FSelectorAcceso%3Fref%3D%252Fwlpl%252FTEWV-CORE%252FResumenVlt%26rep%3DS%26aut%3DCP

[95] https://e-estonia.com/solutions/e-identity/id-card/

[96] https://www.id.ee/en/mobile-id/

[97] https://e-estonia.com/solutions/e-identity/smart-id/

[98] https://www.ifaq.gov.sg/SINGPASS/apps/Fcd_faqmain.aspx#FAQ_2110973

[99] Código Procesal Penal

[100] Se ha discutido quién es el autor de la frase, pero consta en libro "Inventando el futuro" de Dennis Gabor de 1963. Un reportaje plantea antecedentes al efecto https://quoteinvestigator.com/2012/09/27/invent-the-future/

[101] https://transparencia.gob.es/transparencia/dam/jcr:b1c69477-9882-41a5-9f6d-5cbb46fa12b4/reforma-AAPP.PDF

AGRADECIMIENTOS

Como dice el viejo refrán castellano "Es de bien nacidos ser agradecidos", por lo que debo agradecer a quienes de alguna forma han contribuido a mi formación académica y como persona.

En primer lugar a mi mujer Solange y a mi hijo Miguel Facundo por su apoyo al permitirme dedicar tiempo a escribir.

En segundo momento a mis queridos padres y colegas, Julia y Miguel tanto por su apoyo, inspiración y ejemplo.

En tercer lugar a mis maestros
- Don Adolfo Alvarado Velloso, que me inculcó el amor por el derecho procesal.
- Don Fernando Saenger Gianoni, que me permitió conocer el mundo del derecho público y constitucional.
- Don Juan Carlos Cassagne, quien me ha permitido conocer la constante del cambio en el mundo del derecho, en particular el derecho administrativo.

Como cuarto momento a mis amigos y colegas
- Víctor Bedoya por su apoyo, ejemplo y mostrar el mundo del derecho en el ámbito internacional
- Hugo Botto por su ejemplo, consejo y apoyo en el ámbito

académico
- David Roa por su apoyo en el ámbito disciplinario administrativo

A todos por su ayuda en la formación de mi pensamiento crítico.

A los destacados colegas

- Diego Zegarra, de la Pontificia Universidad Católica del Perú, por su gentileza académica de invitarme a actividades académicas;
- Rubén Martínez, de la Universitat d´Alacant, por su ayuda en la visión española de transformación digital;
- José Inostroza del centro Asimov de Chile, por su permanente difusión de la transformación digital en Chile y en derecho comparado.

A la Escuela Nacional de Control de la Contraloría General de la República de Perú por su excelente iniciativa abierta de difusión de temáticas digitales en el ámbito de los servicios públicos a nivel internacional.

ACERCA DEL AUTOR

Miguel Ángel Reyes Poblete

Abogado, Magister en Derecho Procesal por la Universidad Nacional de Rosario (Argentina) y doctorando por la misma casa de estudios. Desde el año 2003 ha impartido docencia en varias universidades en derecho procesal y derecho público. Desde 2014 a 2019 dictó varios cursos para la Academia Judicial de Chile (algunos de formación del escalafón primario en derecho procesal y otros de perfeccionamiento en ley de acceso a la información pública). Es autor de los libros "Prueba en los Procedimientos Administrativos: España, Argentina, Chile, Venezuela" (2012); "Medios de prueba" (2014), "La prueba en los procedimientos administrativos" (2015), "sumarios administrativos" (2016, 2019, 2021 – en prensa-), así como varios artículos en revistas en Chile, Colombia, Brasil y Perú. Más info en https://www.linkedin.com/in/miguel-angel-reyes-poblete-86a96125/

www.ingramcontent.com/pod-product-compliance
Lightning Source LLC
Chambersburg PA
CBHW070418220526
45466CB00004B/1459